VENCENDO A CRISE

SADY BORDIN

VENCENDO A CRISE
100 DICAS PARA CONSEGUIR, MANTER OU TROCAR DE EMPREGO

1ª edição

best.
business
RIO DE JANEIRO – 2016

CIP-BRASIL. CATALOGAÇÃO NA FONTE
SINDICATO NACIONAL DOS EDITORES DE LIVROS, RJ

B724v
Bordin, Sady
Vencendo a crise / Sady Bordin. – 1ª ed. – Rio de Janeiro:
Best Business, 2016.
224 p.; 16 × 23 cm.

ISBN 978-85-68905-35-7

1. Procura de emprego – Manuais, guias, etc. 2. Candidatos a emprego – Manuais, guias, etc. 3. Mercado de trabalho. I. Título.

16-36345

CDD: 331.702
CDU: 331.548

Vencendo a crise, de autoria de Sady Bordin.
Texto revisado conforme o Acordo Ortográfico da Língua Portuguesa.
Primeira edição Best Business impressa em novembro de 2016.

Copyright © 2016, Sady Bordin.
Todos os direitos reservados. Proibida a reprodução, no todo ou em parte, sem autorização prévia por escrito da editora, sejam quais forem os meios empregados.

Design de capa: Sérgio Campante, com imagem Getty Images de Kristian Sekulic.

Direitos exclusivos de publicação em língua portuguesa para o Brasil adquiridos pela Best Business, um selo da Editora Best Seller Ltda. Rua Argentina 171 – 20921-380 – Rio de Janeiro, RJ – Tel.: 2585-2000.

Impresso no Brasil

ISBN 978-85-68905-35-7

Seja um leitor preferencial Best Business:
Cadastre-se e receba informações sobre nossos lançamentos e nossas promoções.

Atendimento e venda direta ao leitor: sac@record.com.br ou (21) 2585-2002.
Escreva para o editor: bestbusiness@record.com.br

www.record.com.br

*Dedico este livro aos milhões de brasileiros
que estão, por enquanto, sem emprego.*

Sumário

Introdução   9

Parte I — Conseguindo um emprego

Capítulo 1 — Autoanálise   13

Capítulo 2 — Saúde em primeiro lugar   29

Capítulo 3 — Trabalhe sua embalagem   43

Capítulo 4 — Invista em seu currículo   53

Capitulo 5 — Adote uma agenda positiva   69

Capítulo 6 — Partindo para o ataque   93

Capítulo 7 — Não morra na praia   115

Capítulo 8 — Usando um trampolim para conseguir
um emprego   141

Parte II — Mantendo um emprego

Capítulo 9 — Faça mais   163

Capítulo 10 — Pense como se fosse o dono da empresa   175

Capítulo 11 — Fique longe das atitudes suicidas   185

Parte III — Trocando de emprego

Capítulo 12 — Saia com profissionalismo e elegância   209

Conclusão   221

Sobre o autor   223

Introdução

Toda grande caminhada começa com um simples passo.

Buda

Apesar de o país estar atravessando uma das piores crises econômicas de sua história, das frequentes notícias de demissões e de empresas fechando as portas, a boa notícia é que você pode vencer essa crise e ficar imune ao desemprego. E é nesse cenário desafiador que este livro se propõe a ajudá-lo a atingir seu objetivo.

Não custa lembrar que a economia brasileira continua sendo uma das dez maiores do mundo, e as previsões indicam que o país voltará a crescer já em 2017.

Ao longo de 12 capítulos e 100 dicas, mostraremos a você, passo a passo, o que fazer, como fazer e o que não fazer para sobreviver e prosperar no concorrido e exigente mercado de trabalho. Um lugar repleto de oportunidades para aqueles que se dispõem a se preparar corretamente.

Esta obra busca auxiliar quem está:

1) Em busca de seu primeiro emprego.
2) Querendo retornar ao mercado de trabalho.

3) Empregado e quer manter seu emprego.

4) Empregado e quer mudar de emprego.

Como existem mais candidatos do que vagas, as estratégias para os quatro objetivos não diferem muito entre si: para entrar ou retornar ao mercado de trabalho, você deve ter um currículo mais interessante que os outros candidatos. Para permanecer empregado ou trocar de emprego, você deve se tornar um bem mais valioso para a empresa do que outros colaboradores.

Nessa competição por um lugar ao sol você terá que superar não somente outras pessoas, mas também suas eventuais deficiências e pontos fracos. Encare esta missão com otimismo. Já dizia Dwight Eisenhower (1890-1969), presidente dos Estados Unidos de 1953 a 1961: *o mundo pertence aos otimistas. Os pessimistas são meros espectadores.*

Para atingir seu objetivo, não há segredos, e a receita você já deve conhecer: planejamento, dedicação, determinação, preparo psicológico, boa saúde, cuidado com a aparência e disposição. Como destacou o ator mais famoso do cinema mudo, Charles Chaplin (1889–1977): *a persistência é o caminho do êxito.*

A partir de agora, jogue fora o desânimo e mãos à obra! Vamos nos preparar e enfrentar juntos esta desafiadora jornada rumo à conquista, não apenas de um bom emprego, mas de sua realização profissional.

PARTE I

CONSEGUINDO UM EMPREGO

*A força de vontade deve ser mais forte
do que a habilidade.*

Muhammad Ali (1942–2016)

capítulo 1

Autoanálise

Aquele que conhece os outros é sábio. Aquele que conhece a si próprio é iluminado.

Lao-Tsé (entre os séculos XIV e IV a.C.)

Antes de começar sua busca pelo emprego desejado, analise com atenção dois aspectos importantes:

a) Considerando sua situação financeira, qual é o seu grau de **urgência** para conseguir um emprego?

1) **Alto**: você está com a grana curta, talvez com contas atrasadas c necessita desesperadamente de um emprego. Neste caso, esteja preparado para ganhar bem menos do que você ganhava em seu último emprego e para trabalhar em uma função que não é a pretendida e sem poder de barganha para negociar o salário.

2) **Média**: neste caso você tem tempo para se preparar melhor para a disputa por uma vaga, pode escolher o setor (comércio, in-

dústria, agropecuária ou serviços) e a área (RH, marketing, produção, finanças, entre outras) em que deseja trabalhar e algum poder para negociar o salário.

3) **Baixa**: este é o melhor dos cenários. Você tem uma reserva financeira, pode investir numa especialização, num curso de língua estrangeira e com isso melhorar seu currículo. Consequentemente, conseguirá o emprego na empresa e o cargo desejados e com uma remuneração compatível com sua formação e experiência.

b) A segunda análise importante é sobre a **finalidade** de você estar procurando um emprego neste momento, que pode ser:

1) **Por necessidade**: você precisa trabalhar para pagar contas. Simples assim. Neste caso, não poderá se dar o luxo de escolher onde quer trabalhar nem quanto vai ganhar. Ao menos nesta fase da carreira, vai ter que se contentar com o que aparecer.

2) **Para ter uma ocupação**: neste caso, a remuneração não é relevante. Arrume um trabalho como voluntário numa ONG. Use seu tempo de forma útil. Faça uma boa ação. Ajude quem está precisando.

3) **Por paixão**: menciono o filósofo chinês Confúcio: *escolhe um trabalho de que gostes, e não terás que trabalhar nem um dia na tua vida*. Neste cenário

ideal, as pessoas não veem o trabalho como uma obrigação, pois elas amam o que fazem! São pessoas que trabalham pelo prazer. Pela satisfação. Pela realização.

1

Mantenha a autoestima alta!

> *A confiança em si mesmo é o*
> *primeiro segredo do sucesso.*
>
> Ralph Waldo Emerson (1803–1882)

A autoestima é a primeira vítima de quem acabou de perder o emprego. Mas tenha muita calma nessa hora. Não desanime! Até o criador do famoso e simpático Mickey Mouse — Walt Disney — já foi demitido uma vez, e justo em seu primeiro emprego! Sei que não é fácil perder um emprego. Já passei por isso quando a Transbrasil faliu. Lembre-se de que você não está sozinho nesse momento: 11,8 milhões de brasileiros estão na mesma situação (IBGE, setembro de 2016). Não é algo pessoal. Não tem a ver com você, mas com a situação econômica pela qual passa o país. Apesar da situação, procure manter a autoestima em alta, pois você vai precisar dela para conseguir voltar ao mercado de trabalho. E vamos combinar uma coisa: a partir de agora, não fale que está desempregado. Esta palavra tem uma conotação negativa. A partir de agora fale que no momento está **sem emprego**. Soa menos dolorido. Passa a ideia de que é algo passageiro, como alguém que está num período de férias. Evite, também, falar que foi demitido: quando perguntarem, diga que sua empresa estava em dificuldades e que houve uma redução do quadro de funcionários.

E, se estiver se sentindo no fundo do poço, assista ao filme *À Procura da Felicidade* (2006), com Will Smith. O filme, inspirado em uma história real, é uma ótima fonte de inspiração e motivação para quem está sem emprego e é também uma verdadeira aula de superação. Tenho certeza de que vai ajudá-lo a recuperar sua estima.

2

Quem sou eu?

Conhece-te a ti mesmo.

Oráculo de Delfos

Responder com clareza a essa pergunta será a diferença entre ter um emprego apenas como fonte de renda ou também como fonte de prazer.

Onde você se vê trabalhando? Em uma fábrica? Loja? Escola? Hotel? Hospital? Fazenda? Refinaria? Dentro de um avião? Navio?

Você gosta de trabalhar sozinho ou em equipe? Você prefere liderar ou ser liderado? Você prefere ter a segurança de uma renda fixa ou o risco de uma renda variável? Você é do tipo reservado e discreto ou extrovertido e comunicativo? Você é exigente, inflexível e perfeccionista ou é uma pessoa tolerante, flexível e maleável? Você é metódico ou gosta de improvisar?

Cada pessoa é única, fruto de uma personalidade moldada a partir de sua herança genética e pela influência do meio em que foi criado e onde vive.

Conhecer as características de sua personalidade é fundamental para que você possa encontrar um emprego que lhe permita explorar suas potencialidades e habilidades. Seu emprego deve ser um terreno fértil para germinar o talento que existe dentro de você!

Seu sucesso e realização profissionais dependerão do casamento perfeito entre um ambiente de trabalho que seja receptivo às suas características de personalidade, caso contrário, você até poderá ter sucesso, mas jamais será realizado. A romancista Clarice Lispector (1920–1977) afirmava que *a satisfação que nosso trabalho nos proporciona é sinal de que soubemos escolhê-lo.*

3

Cruze seu perfil com o da vaga

*Concentre-se nos pontos fortes, reconheça as fraquezas,
agarre as oportunidades e proteja-se contra as ameaças.*

Sun Tzu (544 a.C.–496 a.C.)

Apesar de você não estar indo para uma guerra, os ensinamentos do grande general, estrategista militar e filósofo chinês Sun Tzu lhe serão muito úteis em sua batalha particular para conquistar um bom emprego. Encontrar uma vaga de emprego que valorize suas habilidades e pontos fortes e na qual suas fraquezas e pontos fracos não sejam um obstáculo, é fundamental para o sucesso de sua missão. Por isso, elabore sua lista com total sinceridade. Além do mais, durante a entrevista de emprego, seu entrevistador irá lhe perguntar quais são os seus pontos fortes e fracos.

Leve em conta que uma habilidade pode não necessariamente ser aproveitada para uma determinada vaga, assim como uma deficiência pode também não ser um problema para a vaga em questão. Por exemplo: ser comunicativo é um ponto forte para quem quer ser professor, mas não necessariamente para quem quer trabalhar com contabilidade. Ou ainda: ser bom em cálculo pode não ser útil para quem quer trabalhar com relações públicas, mas fundamental para quem quer ser engenheiro. Ser tímido pode ser negativo para quem quer trabalhar com vendas, mas não para a área financeira. Enfim, tudo irá depender do nível de afinidade entre o perfil do cargo que você busca e sua lista de pontos fortes e fracos.

Como a lista de afinidades entre os diversos perfis dos candidatos e das profissões é muito extensa, criamos um link para você conferir as melhores profissões de acordo com seu perfil e personalidade. Confira em **euconsigo.org**.

4

Estabeleça prioridades

*O maior erro é a pressa antes do tempo
e a lentidão ante a oportunidade.*

Provérbio árabe

Ok, você tem pressa, está sem emprego, tem contas a pagar, não quer ficar parado, mas muita calma nessa hora. Se você faz listas até para ir ao supermercado, por que não faria uma para algo tão importante como conseguir um emprego?

Crie sua lista. No topo coloque seu objetivo profissional, setor em que quer trabalhar (indústria, comércio, serviço, agricultura, pecuária, ONG) e que função gostaria de exercer. Em seguida veja se tem as credencias para a vaga pretendida: qualificação e exigências mínimas. Certifique-se de que cumpre as exigências. Por exemplo: para trabalhar como piloto na aviação comercial, as empresas exigem um domínio técnico do inglês, comprovado por meio de uma avaliação rigorosa feita por um profissional credenciado pela ANAC. Bater na porta de uma companhia aérea sem essa comprovação é perda de tempo.

O próximo passo é elaborar corretamente o currículo. Em seguida, preparar a lista das empresas para envio dos currículos. Depois, trabalhar sua imagem pessoal e se preparar para as entrevistas. Finalmente, enviar os currículos.

Faça uma tarefa de cada vez e não pule etapas para não desperdiçar oportunidades.

5

Controle a ansiedade

*O homem que sofre antes de ser necessário
sofre mais que o necessário.*

Sêneca (4 a.C.–65 d.C.)

A ansiedade — que o psicólogo Alexandre Bez classifica
como *o pior de todos os males psicológicos* —, se não for contro-
lada, poderá comprometer o seu trabalho na conquista de
um emprego. Ela pode prejudicar seu desempenho numa
entrevista, numa dinâmica de grupo ou numa avaliação psi-
cotécnica, o que é comum para diversas profissões. Muitos
profissionais com ótimos currículos e experiência acabam
sendo reprovados nos processos seletivos por conta da ansiedade. Já vi colegas terem problemas sérios nas avaliações.
Um deles precisou ser medicado por conta da pressão alta.

Ficar desesperado e sair enviando currículo para qualquer empresa, sem critério, e abraçar a primeira oportunidade que aparecer pela frente não irá resolver seu problema.
Um emprego não deve ser apenas a fonte de seu sustento:
deve ser, também, um caminho para a sua realização profissional. Arrumar qualquer emprego não vai ser a solução.

Para diminuir a ansiedade, escute músicas tranquilas, pratique atividades físicas, pinte livros para colorir, tenha um hobby para se distrair e não se puna por estar sem emprego. Algumas universidades oferecem terapia para tratar a ansiedade sem custo algum.

Se estiver com problemas financeiros, peça dinheiro emprestado ou venda um patrimônio. Mantenha a serenidade nessa hora para não tomar uma decisão errada.

6

Encontre seu Tenzing Norgay

*Só se ganha um Nobel a partir
de um esforço coletivo.*

Brian Schmidt (Vencedor do Nobel de Física de 2011)

Tenzing Norgay (1914–1986) foi o guia sherpa que ajudou o explorador neozelandês Edmund Hillary (1919–2008) a ser o primeiro homem a colocar os pés no topo do mundo, o Everest, em 29 de maio de 1953. Provavelmente, Hillary não teria realizado essa proeza sem a sua ajuda.

E você, já tem seu Tenzing Norgay para ajudá-lo a escalar a montanha do emprego? Pois nada se consegue sozinho. Bill Gates, da Microsoft, teve Paul Allen para ajudá-lo. Steve Jobs (1955–2011), da Apple, teve Steve Wozniak. Sherlock Holmes tinha Watson. O grande compositor austríaco Mozart (1756–1791) teve o incentivo e a ajuda de seu pai, Leopold.

Seu Tenzing Norgay pode ser seu pai, mãe, tio(a), namorado(a), marido, esposa, professor(a), amigo(a), colega, enfim, qualquer pessoa que possa lhe dar uma mão, um conselho, uma ajuda. Uma simples opinião de outra pessoa sobre seu currículo ou a roupa que você irá usar no dia da entrevista de emprego pode ser a diferença entre conseguir ou não um emprego.

capítulo 2

Saúde em primeiro lugar

*O maior erro que um homem pode cometer é sacrificar
a sua saúde a qualquer outra vantagem.*

Arthur Schopenhauer (1788–1860)

A correria do dia a dia não pode ser uma desculpa para descuidarmos de nossa saúde. Ela é nosso maior patrimônio. O que faríamos com dinheiro, mas sem boa saúde para poder desfrutá-lo?

Ter boa saúde física, mental e emocional é fundamental para termos a energia e a disposição necessárias para enfrentar a corrida de obstáculos que nos espera até atingir o objetivo desejado. O que você menos precisa é ficar doente na véspera de uma entrevista de emprego. E parece que o brasileiro não anda cuidando bem de sua saúde. Segundo dados do IBGE (2013), 14 milhões de pessoas não compareceram ao trabalho ou à escola em razão de algum problema de saúde. A alimentação também não está muito saudável: apenas 24% da população comem a quantidade diária de frutas e hortaliças recomendada pela OMS.

Além de energia e disposição, para reforçar nosso sistema imunológico, é necessário investir em sono de qualidade, alimentação balanceada e atividade física regular.

7

Alimente-se corretamente

Uma maçã por dia mantém o médico afastado.

Ditado galês

Diz o ditado acima que se comermos uma maçã por dia ficaremos longe dos médicos, pois a maçã é rica em antioxidantes (combatem os radicais livres), vitaminas (previnem doenças) e minerais (várias funções importantes no organismo).

Não sou especialista em nutrição, mas basta um pouco de informação para saber que comer gordura de origem animal em excesso vai entupir nossas veias e aumentar as chances de termos um ataque do coração. Da mesma forma, a ingestão de açúcar ou sal em excesso causa o desenvolvimento de diabetes e hipertensão, respectivamente.

Além dos benefícios imediatos, como ter boa saúde, a alimentação balanceada ajuda a prevenir uma série de tipos de câncer e reforça o sistema imunológico.

Algumas dicas simples podem ajudá-lo a se alimentar corretamente:

1) Coma várias vezes ao dia. Não pule refeições, evitando longos períodos sem comer.

2) Dê preferência ao pão integral, ao leite desnatado e ao queijo branco.

3) Evite frituras e carne vermelha. Dê preferência aos grelhados e às carnes brancas.

4) Coma bastante verduras e legumes. São ricas em fibras e vitaminas e ajudam a prevenir doenças do coração.

4) Beba bastante água ao longo do dia. Evite tomar refrigèrantes.

5) Troque um doce por uma fruta na sobremesa.

Em caso de dúvida sobre como se alimentar corretamente, consulte um nutricionista.

8

Fuja do sedentarismo — pratique alguma atividade física

82 milhões de brasileiros estão acima do peso.

IBGE (2015)

Aproveito que acordo cedo todos os dias para levar minha filha à escola e na sequência vou para o parque fazer minha caminhada matinal de uma hora. Se você está sem emprego, não tem desculpa de falta de tempo para praticar atividade física.

Trinta minutos diários de atividade física previnem diabetes, pressão alta, osteoporose, obesidade, melhoram o sistema imunológico, a circulação sanguínea, a postura, o sono, a autoestima, reduzem o colesterol ruim (LDL), doenças cardíacas e o estresse, além de aumentar o colesterol bom (HDL) e, de acordo com a Associação Médica Americana (AMA), reduzir o risco de desenvolver 13 tipos de câncer.

Quer mais motivos para se exercitar?

A liberação de serotonina, dopamina, adrenalina e endorfina ajudam a melhorar o humor, a memória, o raciocínio, a concentração e a disposição, tudo o que você precisa para desempenhar bem o seu trabalho. Diga adeus à preguiça e corra para a academia ou parque mais próximo.

9

Abandone o cigarro

É importante destacar que o tabagismo também influi na trajetória profissional, embora poucas pessoas estejam atentas a isso.

Adriano Arruda,
diretor-geral da Catho On-line (2008)

Essa dica é para os fumantes — 11% da população brasileira (Vigitel, 2014).

Do ponto de vista da saúde, o fato de 200 mil pessoas morrerem por ano no Brasil, por conta do tabagismo, conforme dados do Ministério da Saúde, deveria ser mais do que suficiente para motivar os fumantes a largar o cigarro. Isso sem contar que o tabaco também está relacionado a 90% dos casos de câncer de pulmão.

Sob o ponto de vista da carreira, saiba que tanto uma pesquisa conduzida pela Catho como outra pela conceituada Faculdade de Medicina da Universidade de Stanford (Estados Unidos) chegaram à mesma conclusão: fumantes têm mais dificuldade de conseguir um emprego.

Sobram motivos para as empresas não contratarem fumantes: eles aumentam o custo dos planos de saúde; faltam mais ao trabalho por motivos de saúde; são menos produtivos que os não fumantes. Segundo cálculos da WEB Consultoria, fumantes chegam a perder duas semanas de trabalho por ano por conta dos intervalos para fumar.

Bem, talvez você queira parar de fumar, mas não consegue, certo? Pois saiba que o Ministério da Saúde oferece ajuda gratuita para quem quer largar o cigarro. Basta você se informar e largá-lo de vez!

10

Durma bem

69% dos brasileiros avaliam seu sono
como ruim ou insatisfatório.

Instituto de Pesquisa e Orientação da Mente (2013)

Dentre as várias consequências da falta de sono estão a alteração do humor; a queda da resistência imunológica; o déficit de atenção; comprometimento da memória; do raciocínio; dificuldade em emagrecer; irritabilidade; alteração da pressão arterial. Isso é tudo o que você menos precisa quando está procurando um emprego ou procurando manter o atual.

Para dormir bem, siga as dicas dos especialistas em sono:

1) Tenha horários definidos para dormir e acordar.
2) Não tome café ou refrigerante depois das 18 horas, nem bebida alcoólica antes de ir dormir.
3) Faça refeições leves no jantar e evite jantar tarde.
4) Nada de televisão, celular e computador antes de dormir, pois a luminosidade das telas dificulta a capacidade de pegar no sono.
5) O quarto deve ser totalmente escuro e silencioso.

Se as dicas não derem resultado, procure ajuda médica especializada. Dormir bem é fundamental para ter qualidade de vida e boa produtividade no trabalho.

11

Mau hálito e sudorese: nem pensar

50 milhões de brasileiros têm mau hálito.

Associação Brasileira de Halitose (ABHA)

Diz um ditado que os homens não tropeçam em montanhas, mas em pedras. Você pode estar tão concentrado com tantos assuntos importantes para se preocupar, como a elaboração do currículo, a imagem pessoal, o cartão de apresentação, a saúde, os cursos e como se preparar para a entrevista de emprego que nem se dará conta que pode ser eliminado numa entrevista de emprego por causa de um detalhe como o mau hálito.

Um entrevistador jamais vai lhe falar isso. É possível que nem mesmo você saiba que sofre desse mal, pois existem vários fatores que podem causar mau hálito. Certifique-se com alguém da família que você não sofre desse problema. Caso contrário, procure ajuda médica. Não deixe que esse detalhe prejudique sua carreira.

Outra situação desagradável que costuma ocorrer numa entrevista de emprego é o excesso de suor, ou sudorese. Nada pode escapar da sua atenção. Se detectar o mau hálito ou o suor excessivo nas mãos e no corpo, procure ajuda médica.

Não deixe que esses detalhes atrapalhem sua carreira.

12

Monitore a qualidade de seus pensamentos

O pensamento correto dá forma à vida correta.

John Piper

Evite os pensamentos tóxicos. Não permita que eles contaminem seu comportamento! No livro *Pensamento saudável* (Curitiba: Editora Fundamento, 2010), Tom Mulholland, que é médico, alerta que pensamentos doentios podem levar a atitudes doentias e, consequentemente, comprometer sua carreira e arruinar sua vida pessoal.

Emoções negativas, como estresse, raiva, ansiedade, sentimento de culpa, inveja, ressentimento, mágoa e tristeza, podem ser evitadas por meio do pensamento positivo, na opinião do Dr. Tom Mulholland. Em vez de se estressar porque perdeu o ônibus, aproveite o tempo para ler ou estudar. Em vez de sentir raiva porque foi eliminado na seleção para uma vaga, pense no que pode ser melhorado para a próxima seleção. Em vez de sentir mágoa por não ter sido promovido, analise a possibilidade de procurar outra empresa para sua carreira decolar.

Não permita que sua carreira e vida pessoal fiquem comprometidas por conta de pensamentos negativos. Preste atenção em seus pensamentos. Mude o foco tão logo perceba que eles estão indo para o lado negativo e destrutivo. Segundo o Dr. Mulholland, você pode ser feliz e ter sucesso pensando de forma positiva. Você só tem a ganhar observando seus pensamentos.

Acreditar que você foi eliminado de um processo seletivo por causa de inveja; ou que perdeu o emprego por causa de vingança é uma forma ingênua de ver os fatos. Esses pensamentos irão impedi-lo de analisar o real motivo que alavancou esses episódios. É necessário manter a mente serena e livre de pensamentos negativos para analisar com clareza os reais motivos que impedem sua carreira de prosperar. O físico francês Pascal (1623–1662) nos ensinou que *o pensamento faz a grandeza do homem.*

capítulo 3

Trabalhe sua embalagem

Os homens são avaliados não pelo que são,
mas sim pelo que aparentam.

Edward Bulwer-Lytton (1803–1873)

Quer você concorde ou não, vivemos em uma sociedade onde somos avaliados pelas aparências. Mas isso não é um fato recente. O filósofo e historiador alemão Friedrich Schiller (1759–1805) já alertava, no século XVIII, que *todos julgam segundo a aparência, ninguém segundo a essência.*
A especialista em comportamento empresarial Daniela do Lago lembra que *pessoas inteligentes não deveriam julgar o outro pela aparência*, mas concorda com a afirmação que *a primeira impressão é a que fica.*
Por mais que saibamos que é um erro julgar os outros pela aparência, se quisermos um lugar ao sol no concorrido mercado de trabalho, temos que dançar conforme a música. Vivemos sob a ditadura da moda, que, por meio do seu poder avassalador na mídia, dita o que devemos vestir. Seja nas relações informais ou no mercado de trabalho, o que vestimos revela muito sobre nossa personalidade e a imagem que transmitimos.

Os principais elementos de que dispomos para avaliar alguém que acabamos de conhecer são suas roupas, seus acessórios, o rosto, sua expressão, os cabelos e os olhos. E esses elementos dizem muito sobre as pessoas: eles definem sua personalidade. Como bem lembra a jornalista Marília Gabriela, *nem sempre as aparências enganam: algumas pessoas são exatamente o que aparentam ser.*

Por isso, capriche no seu visual. Comprar boas roupas e vestir-se bem não é jogar dinheiro fora, mas o melhor investimento que uma pessoa pode fazer para valorizar sua imagem pessoal.

13

Nada de bermuda, chinelo ou camiseta regata

*Muitas pessoas são dotadas de razão,
quase nenhuma de bom senso.*

Gustave Le Bon (1841–1931)

Bermuda e chinelo combinam perfeitamente com uma praia ou uma piscina. Jamais com um teatro ou com um cinema, como presenciei várias vezes. Existem certas regras de etiqueta social e profissional que as pessoas deveriam ter obrigação de conhecer, uma vez que não vivemos sozinhos em uma ilha no meio do Pacífico.

Considerando que 90% de nossos corpos estão cobertos por roupas, sua escolha causa um grande impacto na percepção das pessoas a nosso respeito. Por isso é tão importante escolher o que iremos vestir para cada tipo de compromisso social e/ou profissional.

Sabemos da importância de causar uma primeira boa impressão numa entrevista de emprego. Assim, todo cuidado é pouco na escolha do que vestir. Mas não precisamos exagerar: você não precisa colocar um terno e gravata para uma entrevista para uma vaga de auxiliar de escritório, mas certamente para o cargo de advogado de uma empresa.

14

Cabelos, barba e unhas aparadas e maquiagem discreta

A beleza é a melhor carta de recomendação.

Aristóteles (384 a.C.–322 a.C.)

Recorra com frequência a um profissional para manter o corte dos cabelos. Não importa se são curtos ou compridos, e sim se são bem-tratados. Esse cuidado transmite uma importante imagem de esmero, autoestima, cuidado pessoal. As unhas também merecem especial atenção. Como a entrevista de emprego normalmente é conduzida em uma mesa de reunião, fica fácil para o entrevistador reparar nelas. Nada de unhas compridas pintadas com esmaltes de cores fortes. Prime pela discrição. Unhas sujas, nem pensar.

A maquiagem diz-nos mais que o rosto.

Oscar Wilde (1854–1900)

Mulheres, não exagerem na maquiagem. Você não está indo para uma festa de casamento, mas para uma entrevista de emprego. A consultora de imagem Cintia Demori lembra que a maquiagem deve ser discreta e sutil, como se não aparecesse, apesar de estar lá! Ela recomenda uma base leve que deixe a pele acetinada. O uso do rímel realça o olhar. Blush pode dar um ar de saúde e disposição. As sobrancelhas são a moldura do rosto, portanto, devem estar bem-feitas. Como acessório, use um par de brincos pequenos ou médios.

Nada de perfume que chega antes de você e deixa o ambiente impregnado. A palavrinha mágica é discrição.

Para os homens: ou vocês fazem a barba diariamente ou a mantêm aparada. A barba por fazer passa a impressão que está em férias; ou é aposentado; ou que é desleixado mesmo. Aparecer numa entrevista de emprego com a barba por fazer é ruína na certa. Não combina com a ocasião nem com a imagem que você deve passar de um profissional esmerado e cuidadoso.

15

Dentes bonitos, escovados e sem tártaro

Segredo de beleza? Não tenho nenhum. Nem secretamente.
Meu único cuidado é escovar os dentes.

Avril Lavigne em entrevista à *Atrevida* (2002)

Escovar os dentes e usar o fio dental após as refeições é o mínimo que se pode fazer para manter os dentes com uma boa aparência e evitar as temidas cáries. Mas a verdade é que cuidamos pouco de nossos dentes. A última pesquisa do IBGE sobre esse tema mostrou que apenas 53% dos brasileiros fazem uso regular da escova de dentes e do fio dental.

Escovar os dentes após as refeições, usar o fio dental regularmente e ir ao dentista pelo menos uma vez por ano para fazer remoção da placa bacteriana é o mínimo que você pode fazer pelos seus dentes.

Claro que os recrutadores jamais irão admitir, mas eles não irão contratar candidatos que tenham problemas com a aparência de seus dentes para funções que tenham contato com o público.

Além da importância de cuidar da higiene bucal para evitar cáries e o tártaro, a aparência de seus dentes irá influenciar em sua carreira. Se você tiver algum problema com a aparência de seus dentes, procure por cuidados odontológicos.

Uma pesquisa feita por um dentista brasileiro com 100 recrutadores e publicada no *American Journal of Orthodontics & Dentofacial Orthopedics* constatou que pessoas que têm um sorriso ideal são vistas como mais inteligentes e têm maior chance de encontrar um emprego. Por isso, trate seu sorriso com carinho.

16

Uso de piercing e tatuagens: cuidado!

*Muitas das empresas acreditam que um funcionário tatuado
passa uma impressão agressiva e até desleixada e optam
por não recrutar profissionais com esse perfil.*

Yngrid Paixão, para o site Empregos.com (2015)

Mesmo preenchendo os pré-requisitos a uma vaga, o candidato pode ser eliminado do processo seletivo por causa do uso de piercing ou tatuagens.

Nem vale a pena discutir aqui se é legal ou não esta questão, pois de nada adianta recorrer à justiça, como foi o caso de candidatos aprovados em concurso público para vagas para o Corpo de Bombeiros e para a Polícia Militar de São Paulo, em 2015. Eles não puderam assumir seus cargos por causa de tatuagens.

Apesar de o assunto ter ido parar no STF (Superior Tribunal Federal), os candidatos não atingiram seu objetivo que era o de conseguir um emprego.

Evite correr o risco de não conseguir um emprego por causa do uso de piercing e tatuagens. Seja discreto. A não ser que você vá se candidatar a uma vaga numa loja de tatuagens ou prefira trabalhar em casa.

capítulo 4

Invista em seu currículo

Engraçado, costumam dizer que eu tenho sorte.
Só sei que, quanto mais me preparo, mais sorte eu tenho!

Anthony Robbins

Até agora você definiu onde quer trabalhar; está cuidando bem da sua saúde; alimentando-se corretamente; praticando atividades físicas regularmente; está caprichando na aparência. A parte do hardware, da máquina, está 100%. Chegou o momento de nos preocuparmos com o conteúdo, com o software, com o conhecimento, com as habilidades. São eles que irão fazer a diferença no seu currículo. É por meio desse conjunto de atributos que o mercado irá determinar o quanto você vale para uma empresa. Como a escolha por um candidato se dá nos detalhes de um currículo, um item a mais pode ser a diferença entre conseguir ou não um emprego. Seja um segundo idioma, seja o domínio da informática, uma simples carteira de motorista, uma especialização, uma experiência, um curso, qualquer item que chame a atenção de seu recrutador.

Digamos que uma bela embalagem atrai a curiosidade do consumidor, mas é o conteúdo do produto que o faz colocá-lo no carrinho de compras. No mercado de trabalho ocorre algo semelhante: a boa aparência ganha a atenção dos recrutadores, mas é o conteúdo que vai fazer você entrar na disputa.

Sempre que tiver tempo e dinheiro, invista na valorização de seu currículo. Isso serve até para aqueles que estão empregados.

Como bem lembra o escritor, empresário e ex-soldado que lutou na Guerra Hispano-americana, George Samuel Clason (1874–1957): *uma preparação adequada é a chave para o sucesso.*

17

Busque uma formação acima da média

Nada se obtém sem esforço;
tudo se pode conseguir com ele.

Ralph Waldo Emerson (1803–1882)

Procure, de acordo com suas possibilidades de tempo e recursos, obter uma formação acima da média do mercado. Se a média tem somente o ensino médio, tente obter um diploma de graduação. Se a média tem esse diploma, esforce-se para conseguir uma especialização. Se isso ainda não for suficiente para ficar acima da média, vá atrás de um MBA. E, para fazer um mestrado, existe a possibilidade de obter uma bolsa de estudo. Você só precisa de tempo, vontade e dedicação.

Segundo a Pesquisa Nacional por Amostra de Domicílios (Pnad), em 2014, possuir uma formação superior pode lhe possibilitar, em média, uma remuneração 179% maior do que para aqueles que completaram apenas o ensino médio, além de ser um importante diferencial em seu currículo. Não poupe esforços para iniciar e concluir uma faculdade. Será bom para a sua formação, seu currículo e seu bolso!

18

Idiomas: primeiro domine o nosso!

Aprender várias línguas é questão de um ou dois anos;
ser eloquente na sua própria exige a metade de uma vida.

Voltaire (1694–1778)

Dominar um segundo idioma é importante para sua carreira, além de valorizar seu currículo, aumentando suas chances de conseguir um emprego, pois apenas 23% dos jovens que moram em regiões metropolitanas do Brasil, conforme pesquisa do Ibope TGI, dominam um segundo idioma.

Antes de mergulhar no estudo de uma segunda língua, leve em conta seu interesse profissional e acadêmico para fazer a escolha correta do idioma a ser estudado. Veja em que empresa você gostaria de trabalhar, pois se for estrangeira o mais certo será estudar a língua que se fala no país onde está a matriz dessa empresa. Se seu interesse é estudar fora para se aprimorar em sua área de estudo, veja em qual país você pretende estudar para escolher o idioma daquele lugar.

Inicialmente, se ocupe em dominar nossa língua. Uma das medidas que você pode tomar desde agora para melhorar seu domínio do português é ler mais. Infelizmente, o brasileiro lê pouco. Basta ver que em 2015 foram vendidos apenas 254 milhões de livros, o que dá meros 1,2 por habitante/ano. Para efeito de comparação, nos Estados Unidos foram comercializados 571 milhões de livros em 2015, o que dá uma média de 1,8 livro por habitante/ano.

Outro dado alarmante e muito preocupante é que apenas 8%, de uma amostra de 2002 brasileiros em idade para trabalhar, foram considerados plenamente capazes de entender e se expressar por meio de números e letras, conforme pesquisa do Instituto Paulo Montenegro e da ONG Ação Educativa. Em pleno século XXI, saber ler e entender um manual de instruções é questão de sobrevivência no mercado de trabalho.

19

Informática:
só o básico não basta

*A parte que ignoramos é muito
maior que tudo quanto sabemos.*

Platão (428 a.C.–347 a.C.)

A não ser que você vá vender água de coco na praia, não há praticamente emprego algum que não exija conhecimento de informática. Dominar os recursos de um computador é fundamental para que você desempenhe bem sua atividade profissional, seja ela qual for.

Mas não basta apenas digitar um texto no Word ou fazer uma planilha no Excel. Você deve ir além e conhecer os recursos que cada programa oferece. Eles terão um grande impacto na qualidade de apresentação de trabalhos, sejam no Word, no Excel e, principalmente, no PowerPoint. Não deixe que uma boa ideia perca seu brilho por causa da pobreza do material da apresentação.

Se você tem dificuldades em usar os recursos de seu computador, faça um curso ou peça ajuda a um amigo que conheça informática. Ela deve ser sua aliada no trabalho.

Atualmente existem 160 milhões de computadores no Brasil e em poucos anos a proporção será de um computador por habitante.

20

Inscreva-se em um curso grátis

Quem busca o conhecimento e o acha obterá dois prêmios: um, por procurá-lo e, outro, por achá-lo. Se não o encontrar, ainda restará o primeiro prêmio.

Maomé (571–632)

Estar sem dinheiro no momento não é desculpa para não fazer um curso. Existem milhares de cursos gratuitos oferecidos tanto pela internet como presenciais. Basta pesquisar.

Instituições como SESC, SENAC, SENAI, governos municipais, estaduais, federal e instituições privadas oferecem cursos gratuitos para todos os gostos, que vão de aleitamento materno, AUTOCAD, auxiliar administrativo, contabilidade, CIPA (Comissão Interna de Prevenção de Acidentes), culinária, design gráfico, estética, fotografia, garçom, gestão ambiental, idiomas, informática, linguagem JAVA, logística, matemática financeira, mecânica de automóveis, pilates, usinagem, vendas, webdesign a zeladoria e tantos outros. Escolha um que tenha o seu perfil, inscreva-se agora mesmo e mãos à obra.

Que tal ter um diploma do MIT ou de Harvard, duas das melhoras universidades do planeta, em seu currículo, de graça? Pois é, é possível. Neste caso, dominar o inglês é imprescindível.

Fazer cursos é uma das melhores formas de aproveitar seu tempo livre. Além de ampliar conhecimentos e habilidades, você estará valorizando seu currículo, criando diferenciais e aumentando as chances de uma boa colocação no mercado.

21

Elabore um currículo claro, objetivo e atraente

A primeira qualidade do estilo é a clareza.

Aristóteles (384 a.C.–322 a.C.)

Apesar de terem qualificação e talento de sobra, muitos candidatos são eliminados da disputa por vagas por apresentarem um currículo mal-elaborado. Capriche no seu. Revise com atenção o texto antes de apertar a tecla enviar do e-mail. Recentemente coloquei um anúncio de emprego nos classificados da *Gazeta do Povo*, principal jornal de Curitiba. Recebi mais de cinquenta currículos. Foi fácil perceber que muitos profissionais não sabem fazer um resumo de sua história profissional e educacional de forma clara e objetiva. Vamos rever como se elabora um currículo?

1) Não precisa escrever *Curriculum Vitae* no topo, pois quem o está recebendo já sabe do que se trata; a folha deve ser em papel branco no formato A4 — se optar pelo currículo impresso.

2) Coloque no topo da página apenas o seu nome, endereço, estado civil, idade, telefone e e-mail para contato; só adicione foto se for solicitado, e não precisa colocar números de documentos.

3) Um item que muitos profissionais deixam de fora mas que é de fundamental importância é o objetivo! Seja claro neste item, para não deixar dúvida sobre a vaga para a qual está se candidatando, pois grandes empresas abrem vagas simultaneamente para vários cargos. Não cometa o grave erro de enviar um currículo para uma determinada vaga e colocar outra no item "objetivo". Se você quer concorrer a vagas diferentes para aumentar suas chances de conseguir um emprego, prepare um currículo para cada vaga.

4) Logo após o objetivo, coloque sua formação escolar. Não precisa mencionar onde fez o ensino médio. Se você não tiver formação acadêmica, coloque apenas ensino médio completo.

5) Agora sim informe sua experiência profissional, sempre de forma sucinta.

6) Em seguida, fale sobre suas principais habilidades, como conhecimento de idiomas, informática, oratória, redação etc.

Para ver modelos de currículos e ter mais detalhes, acesse **euconsigo.org.**

22

Mantenha seu currículo atualizado

*O recrutador irá buscar informações nas redes profissionais,
por isso é interessante manter seu currículo sempre atualizado.*

Andreza Santana, gerente de marketing sênior
do Monster Brasil (2012)

Sua vida não é estática, parada, certo? Você está em constante movimento, aprendendo novas habilidades, mudando de cargo, de função e talvez de empresa (30% dos brasileiros já mudaram cinco vezes de emprego ao longo da vida). Além de elaborar corretamente seu currículo, mantenha-o atualizado sempre que houver uma alteração. Nesses casos, envie uma versão mais recente de seu currículo para quem você já o havia encaminhado.

Qualquer outra alteração de dado como telefone, endereço ou e-mail deve ser feita em seu currículo, e o mesmo deve ser reenviado para sua lista de envios. Várias vezes tentei entrar em contato com determinadas pessoas que simplesmente sumiram do mapa. Quando você manda seu currículo para uma empresa, ele certamente vai ser arquivado. Mesmo que não haja interesse no momento, seu currículo poderá ser consultado no futuro.

Além de manter seu currículo devidamente atualizado, também mantenha seus dados atualizados junto a sua rede de contatos. Quem sabe algum contato seu não o procure com algum convite interessante? Muitas empresas incentivam seus colaboradores a fazerem indicações. Você pode ser uma delas.

23

Crie um videocurrículo

Você só terá fracassado quando desistir de tentar.

Robin Cook

Além do currículo impresso, você pode também criar e postar no YouTube um videocurrículo, prática comum nos Estados Unidos e na Europa. Ele será mais uma oportunidade para os recrutadores de todo o país o conhecerem melhor, além de ser um diferencial em relação aos demais candidatos. Essa ação aumenta as chances de receber um convite para uma entrevista.

Apesar de ser um excelente meio de se apresentar ao mercado, tome todo o cuidado do mundo para não postar um vídeo que seja motivo de piada. Não existe meio-termo para um videocurrículo: ou ele é bom ou não deve ser postado, pois é a sua imagem que está em jogo.

Quando produzir seu vídeo, preste atenção aos seguintes detalhes:

- Duração: de um a dois minutos.
- Local: limpo, bonito, sóbrio e bem-iluminado.
- Não leia o que você vai falar: decore tudo.

- Olhe para a câmera.
- Cuidado com possíveis ruídos, tais como choro de criança, telefone tocando, TV ligada, latido e outros sons.
- Roupas: social e discreta. Nada de camiseta regata ou de decotes ousados.
- Postura: não precisa ficar sério, mas não precisa sorrir o tempo todo, senão não transmite credibilidade.
- Cuidado com a dicção. Fale pausadamente e com um tom agradável.
- Peça para outras pessoas assistirem ao vídeo antes de postá-lo.
- Não se esqueça de colocar seus dados para contato no final do vídeo.

capítulo 5

Adote uma agenda positiva

*Aja sempre de forma correta. Isso irá agradar
algumas pessoas e surpreender o resto.*

Mark Twain (1835–1910)

Nada de ficar trancado em casa dormindo, comendo e vendo TV. Também não vai ajudar em nada ficar reclamando da vida, do país, da crise econômica. Mude o discurso. Adote uma agenda positiva. Entre num círculo virtuoso de pensamentos, ações e atitudes positivas. Aja como se estivesse passando por um momento de transição. Crie uma rotina de atividades para não ficar parado. Ocupar a mente evita pensamentos negativos e queda da autoestima. Existem dezenas de atividades que você pode fazer de graça: como cursos on-line, caminhada, leitura, visita a ex-colegas de empresa e de escola (não para pedir emprego, mas para sentir como anda o mercado em diferentes setores), trabalhos como freelance, serviços de reforma dentro de casa, levar e buscar filhos na escola, ajudá-los com a lição de casa, trabalho voluntário; não falta opção.

24

Acorde cedo, saia de casa, circule

Acho que consideramos mais a boa sorte do pássaro
que acordou cedo do que a má sorte da minhoca.

Franklin Roosevelt (1882–1945)

Faça chuva, faça sol, acorde cedo todos os dias. Tome um café da manhã saudável, assista às notícias na TV, leia o jornal do dia e saia. Nada de ficar em casa de pijama e chinelo. Talvez a minhoca da história acima estivesse viva se tivesse acordado mais cedo do que o pássaro.

As oportunidades não irão aparecer para quem fica em casa. Vá passear no parque, vá para a academia, vá para a aula de inglês, de informática, vá visitar amigos, parentes, mostre que está vivo e que está em busca de novas oportunidades.

Estabeleça uma rotina mesmo que esteja sem trabalho no momento. É importante manter a mente ocupada e permanecer em ação.

Como bem lembrou o jornalista e escritor George Horace Lorimer (1867–1937), *você tem que acordar cada manhã com determinação se pretende ir para a cama com satisfação.* Saia, circule, vá ao cinema, ao teatro, caminhe com regularidade no parque de sua cidade ou no calçadão da praia se você tem o privilégio de morar à beira-mar. Quando você está caminhando, o sangue circula mais no seu cérebro, e o fato de estar em movimento o ajuda a arejar a cabeça e ter ideias novas. Quando você está no cinema ou no teatro, sua cabeça fica longe das preocupações, dando espaço para pensamentos positivos.

Se você procurar em jornais e na internet, verá que existem palestras gratuitas. Independentemente do assunto, vá assisti-las. É uma maneira de arejar a cabeça e aumentar as chances de encontrar alguém que possa dar uma dica interessante de trabalho.

25

Bom humor sempre, apesar de...

*O humor é uma demonstração clara de inteligência emocional
e uma competência que se destaca nas relações profissionais.*

Andrea Ebert, no site Exame.com (2013)

Apesar de estar sem emprego no momento; de estar insatisfeito com seu atual emprego; das contas atrasadas; das notas baixas do filho; da promessa de promoção não realizada; da separação litigiosa, mantenha o bom humor. Você só tem a ganhar com essa atitude. Para variar, assista comédias. Dar boas risadas faz bem para a saúde.

Está comprovado que o bom humor deixa o ambiente de trabalho mais descontraído, fortalece o trabalho em equipe e aumenta a produtividade. Ser uma pessoa bem-humorada e sorridente o torna mais seguro e eleva a autoestima, melhorando o relacionamento pessoal e social. Isso tudo ajuda a conseguir um emprego.

Sorrir, além de fazer muito bem para a sua saúde (ajuda a combater o estresse e a ansiedade, reforça a imunidade e previne doenças cardíacas), abre portas e corações, pois o sorriso é contagioso e tem o poder de atrair as pessoas.

Se você ainda torce o nariz para os benefícios de ser uma pessoa bem-humorada e sorridente, sugiro assistir ao excelente filme *Patch Adams — O amor é contagioso* (1998), inspirado em fatos reais e estrelado por Robin Williams, que faz o papel do médico Patch Adams, mundialmente famoso por usar o bom humor para ajudar no tratamento de seus pacientes.

26

Cumprimente as pessoas e seja gentil com todos

*Ainda que não tenhas nada
importante a dizer, diga bom dia!*

Zaika Capita

Você é do tipo de pessoa que quando chega a algum lugar vai logo dizendo com quem quer falar ou, antes de tudo, olha para a pessoa e a cumprimenta com um bom dia? Isso faz diferença! A partir do momento que você entra numa empresa, já está sendo observado e avaliado. Cumprimente todas as pessoas com as quais você tenha contato, como o porteiro do prédio, o vizinho de setor, a copeira, a faxineira, seu superior.

*Seja cortês com todos, sociável com muitos, íntimo
de poucos, amigo de um e inimigo de nenhum.*

Benjamin Franklin (1706–1790)

Além do cumprimento, ser gentil e solícito também deixa as pessoas mais felizes. Assim, você tem três bons motivos para praticar a gentileza: fazer o bem faz bem, você vai se sentir mais feliz e poderá receber um convite para um emprego, pois pessoas felizes e de sucesso querem ao seu lado... pessoas felizes!

27

Honestidade: não basta ser!

À mulher de César não basta ser honesta,
deve parecer honesta.

Caio Júlio César (100 a.C.–44 a.C.)

Ser honesto não deveria ser uma qualidade, mas uma obrigação de qualquer indivíduo. É o que se espera de uma pessoa. Não adianta listá-la em seus pontos fortes. A menos que se prove o contrário, toda pessoa é honesta.

Mas algumas dão provas de sua honestidade. Sempre que lidam com dinheiro, apresentam comprovantes das despesas, mesmo que não tenha sido solicitado. Se faltarem ao trabalho por motivo de saúde, apresentam um atestado médico, independentemente de solicitação.

Também não usam o telefone da empresa para fazer ligações de cunho particular, não usam o carro da empresa para fins pessoais, não levam material de escritório para casa etc. O que é da empresa não é do funcionário, nem que seja um clipe.

Mas tem outro tipo de honestidade que se espera de um profissional: a verdade! Um colega comandante muito espertamente aumentava a duração de cada voo lançando no livro de bordo do voo um horário maior do que o verdadeiro. Imagine um voo que decolava às 09h00 e pousava às 10h00. Esse "profissional" lançava no livro de bordo 08h55 e 10h05 respectivamente. Claro que dez minutos não fazem diferença no final do mês. Todavia, se você acrescentar 10 minutos a mais em 80 voos num mês, serão 13 horas a mais de voo e, consequentemente, de salário! Claro que esse golpe foi descoberto e ele foi demitido.

28

Retorne ligações e e-mails

Por mais humilde que seja a profissão,
é digna de respeito e consideração.

Rosa Rubra

Demonstre consideração por qualquer pessoa e retorne todos os e-mails e telefonemas que receber.

Seja profissional e não deixe sem resposta seus e-mails, recados na caixa de mensagens do seu celular e nas redes sociais. Além de deselegante, é uma demonstração de falta de consideração com quem o procurou. Talvez você não queira falar com determinada pessoa naquele momento ou a julgue chata, mas essa pessoa pode estar querendo lhe fazer um convite interessante ou alguma proposta profissional. Não seja arrogante ao ponto de menosprezar quem quer que seja.

Muito cuidado com sua caixa de entrada de e-mails, pois pode acontecer de algum deles ir parar na caixa de spam, no lixo eletrônico ou, simplesmente, na caixa de excluídos. Por isso, sempre dê uma olhada em todas as caixas para se certificar de que não deixou nenhuma mensagem sem resposta.

Sei que alguns profissionais chegam a receber mais de quinhentos e-mails por dia. Nesses casos, um simples "OK, recebido", "sem problemas", "obrigado", é mais que suficiente. Ou, em último caso, delegue a alguém a tarefa de responder seus e-mails.

29

Pense antes de falar

Palavra dita é como flecha disparada;
não retorna nunca mais.

Provérbio indígena

Uma única palavra malcolocada ou uma frase malformulada podem comprometer tanto uma carreira quanto as chances de ser aprovado num processo seletivo, se for dita durante uma entrevista de emprego. Os latinos, falantes por natureza, tendem a expressar seus sentimentos e o que pensam antes de pesar as consequências de seus devaneios.

Um candidato que responde ao entrevistador que quer aquele emprego apenas porque está sem fazer nada ou porque não conseguiu o emprego que realmente queria, provavelmente nunca será contratado. Também não será contratado o candidato que se atrasou e revela que estava numa sessão de terapia para pessoas agressivas porque tinha batido num ex-colega de trabalho.

Há alguns anos, um comandante avisou os passageiros que teriam que aguardar para pousar em Congonhas por conta da incompetência da *Infrazero*, uma alusão depreciativa da empresa estatal que administra aeroportos. Coincidentemente, havia um diretor da Infraero naquele voo, e o fato chegou ao conhecimento da diretoria da companhia aérea. No dia seguinte, a empresa optou por demitir seu piloto.

Aristóteles nos lembra que *o sábio nunca diz tudo o que pensa, mas pensa sempre em tudo o que diz.*

30

Prefira o contato pessoal

*A nossa alma rende-se muito mais
pelos olhos do que pelos ouvidos.*

Padre Antônio Vieira (1608–1697)

Não tenha a menor dúvida: se você pedir alguma coisa para alguém pessoalmente, frente a frente, olho no olho, a chance de você receber um "sim" será muito maior do que se tivesse feito o mesmo pedido pelo telefone.

Não peça favores ou ajuda pelo telefone. Deixe claro para a pessoa o quanto o assunto é importante indo falar pessoalmente com ela, mesmo que ela more em outra cidade. Telefonar ou enviar e-mails: isso todo mundo faz o tempo todo. Mas dá para contar nos dedos de uma mão quantos se dão o trabalho de fazê-lo pessoalmente.

Entretanto, ligue antes para marcar um horário e evitar o risco de chegar ao local e não poder ser recebido porque a pessoa está em reunião ou em viagem. Da mesma forma que você valoriza o que quer pedir fazendo-o pessoalmente, para se desculpar de algo, também faça-o pessoalmente.

Um ditado chinês lembra que *entre o desejo e o alcance está a determinação e o esforço*. Se você quer muito alguma coisa, não meça esforços para alcançá-la.

31

Impressione logo de cara

A primeira impressão é a que fica.

Ditado popular

Dificilmente você terá uma segunda chance para causar uma primeira boa impressão. Por isso, sempre que tiver uma reunião, uma entrevista de emprego, uma apresentação, um encontro ou qualquer outro evento, não deixe de:

- Chegar no horário. Como diz um provérbio inglês, *a pontualidade é a cortesia dos reis e a obrigação dos educados.*
- Verificar se está apropriadamente vestido para a ocasião.
- Memorizar o nome das pessoas que irá encontrar.
- Levar o que foi combinado (currículo impresso, fotos, documentos etc.).

Se você está fazendo um trabalho como freelancer, não perca a oportunidade de fazer o melhor possível, pois ele pode ser a porta de entrada para oportunidades maiores e melhores.

O pintor francês Nicolas Poussin (1594–1665), famoso pela sua sensibilidade, afirmou sabiamente que *o que merece ser feito merece ser bem-feito.*

32

Errou, assuma!

*Os homens erram, os grandes homens
confessam que erraram.*

Voltaire (1694–1778)

O erro é sempre uma ótima oportunidade para o aprendizado. Na aviação, mais ainda. Companhias aéreas não demitem pilotos porque erram, a não ser que o tenham feito de propósito. Elas aproveitam os erros para mudar procedimentos para que os mesmos não voltem a acontecer. Até mesmo certos alarmes foram incluídos nos aviões modernos para evitar que erros que causaram acidentes no passado se repitam.

Se um funcionário assume que cometeu um erro, ele não será punido, ao passo que se a mentira for descoberta, a demissão será a única opção para a empresa. Uma falha técnica é perdoada; uma falha de caráter, não!

Outro benefício do colaborador que assume o erro é que ele ganha a confiança e o respeito de seus superiores. Sendo sincero, demonstra coragem e humildade.

33

Aprenda a dizer não

É simplesmente impossível agradar a todas as pessoas (...) Quando dizemos sim para os outros, pagamos um preço por isso.

Eduardo Santorini

Não se deixe levar pela emoção ao receber uma oferta aparentemente tentadora. Antes de responder positivamente, avalie os pontos positivos e os negativos.

Nem todas as propostas que você receber ao longo da carreira serão adequadas. Você terá que dizer não algumas vezes.

Da mesma forma, não é por ser empregado que você deve cumprir qualquer ordem que venha dos seus superiores. Use o bom senso. Gostaria de contar uma história interessante que tinha tudo para acabar em demissão, mas mereceu um sincero elogio. Quem me contou foi o próprio protagonista da história.

O radar meteorológico do Boeing 707 cargueiro que ele deveria pilotar naquela noite estava inoperante e as condições meteorológicas previstas para a rota Campinas–Manaus não eram boas. O comandante Ronald descumpriu a ordem do seu chefe e se negou a fazer o voo. Isso aconteceu numa sexta-feira. Na segunda-feira, ele recebeu um telefonema do seu superior, pedindo para que se apresentasse na sede da empresa. Seu primeiro pensamento foi: serei demitido.

Tal foi a sua surpresa ao saber que o piloto que fez o voo em seu lugar teve graves problemas com gelo durante a viagem. O avião ficou tão danificado que não pôde retornar a Campinas. Em vez de demissão, o comandante Ronald recebeu um elogio, por ter agido corretamente e se recusado a fazer o voo.

Certa vez a atriz Marília Pêra (1943–2015) declinou de um convite para um importante projeto. Uma jovem atriz, em início de carreira, disse-lhe: "Lógico que você pode dizer não, afinal você é a Marília Pêra." Ao que ela respondeu: "É exatamente o contrário: eu só sou a Marília Pêra porque aprendi a dizer não."

34

Não fale mal de quem quer que seja

*Se o que tens a dizer não é mais belo
que o silêncio, então cala-te.*

Pitágoras (570 a.C.–496 a.C.)

Responda rápido: o que alguém tem a ganhar falando mal de outra pessoa? Nada. Ou talvez o desprezo do seu interlocutor. Destratar outras pessoas é uma demonstração de falta de caráter.

O principal problema de se falar mal de alguém é que existe a possibilidade de seu interlocutor ser amigo da pessoa em questão. Já pensou? Isso será uma barreira para um relacionamento saudável com essa pessoa ou até mesmo a causa de um distanciamento.

Você irá criar uma imagem de pessoa pouco merecedora de confiança, de fofoqueiro, de leviano. No mercado de trabalho, onde as pessoas trocam ideias sobre eventuais nomes para contratações e promoções, ser conhecido por fofoqueiro e não merecedor de confiança é muito grave.

Quando lhe pedirem a opinião sobre uma pessoa, só se manifeste se a resposta for elogiosa. Caso contrário, desconverse. Ou mude de assunto.

35

Trabalhe como síndico do seu prédio

O que falta às pessoas não é força, e sim vontade.

Victor Hugo (1802–1885)

Dentre as várias atividades que você pode empreender enquanto estiver com tempo livre, a de síndico é uma que deve ser considerada. É um trabalho que ninguém quer assumir, pois alegam falta de tempo e que gera muito incômodo. Mas tempo é o que você mais tem atualmente, não é mesmo?

Veja os benefícios de se tornar síndico:

1) Irá utilizar de forma útil parte de seu tempo.
2) Não irá atrapalhar sua busca por um emprego.
3) Vai aprender a gerenciar recursos, pessoas, reuniões e conflitos.
4) Irá aumentar sua rede de contatos, pois terá que se relacionar com profissionais de empresas de vários segmentos.
5) Terá uma renda extra, pois a maioria dos síndicos recebe uma remuneração para a tarefa, ou isenção de taxa de condomínio.
6) Valorizará seu currículo, pois irá acrescentar uma experiência profissional.

capítulo 6

Partindo para o ataque

Se você quer ser bem-sucedido, precisa ter dedicação total, buscar seu último limite e dar o melhor de si.

Ayrton Senna (1960–1994)

Imagino que a esta altura de sua preparação para conseguir um emprego você já deve ter em mente com o quê e onde quer trabalhar, deve estar cuidando bem da saúde, se alimentando de forma correta, dormindo o necessário, praticando alguma atividade física regular, fazendo algum curso e praticando uma agenda positiva. Certo?

Então chegou a hora de disparar os currículos e anunciar ao mercado que você existe e está disponível para trabalhar.

36

Use um nome curto e de fácil memorização

Me deram um nome e me alienaram de mim.

Clarice Lispector (1920–1977)

Especialistas afirmam que o nome de uma pessoa influencia a sua personalidade. Pais criativos deveriam pensar duas vezes antes de comprometer o futuro de seus filhos ao batizá-los com nomes que vão de Milk a Shake. Não vou me estender na lista de ideias inapropriadas. Meu conselho para essas pessoas é um só: procurem um advogado e troquem de nome.

Saindo desse mundo surreal, algumas pessoas que têm nomes difíceis de ser pronunciados ou que não são sonoramente agradáveis poderiam, em vez de optar pelo recurso extremo de mudar de nome, adotar uma solução intermediária, como um diminutivo mais simpático e mais fácil de ser memorizado. Por exemplo: de Odailda para Oda; de Erenilda para Nilda; de Ivocleto para Ivo; de Dilernando para Nando; de Teovaldo para Teo; de Gildásio para Gil. Não fique constrangido em adotar uma versão abreviada de seu nome. Adote-a em seu cartão de visita. O nome completo você só precisa para preencher formulários.

Se até Bill Gates (William) e Walt Disney (Walter) o fizeram, porque você não poderia fazer? Pode fazer. Será bom para sua carreira.

Curiosidade: os verdadeiros nomes de dois dos maiores cantores da história, Freddie Mercury e Elton John são, respectivamente, Farrokh Bulsara e Reginald Kenneth Dwight. Interessante, não?

37

Providencie uma chancela
para sua marca

*O diploma não serve apenas como um meio para informar
à sociedade a determinação e capacidade de um indivíduo,
um fim perfeitamente legítimo. Tem também outra função,
bem menos defensável: estabelecer quem pode ou
não atuar em determinada profissão.*

Lucas Mafaldo

Da mesma forma que alguns produtos têm um selo de recomendação atestando a sua qualidade, diversas categorias profissionais também têm sua espécie de chancela, atestando que o profissional tem qualidade comprovada e que as empresas e as pessoas podem confiar em seu trabalho.

Procure o conselho de sua categoria para se filiar e obtenha seu número de filiação. Use-o nas assinaturas de seus e-mails, de suas cartas e em seu cartão de visitas.

Algumas categorias profissionais também possuem associações internacionais que as representam e às quais os profissionais podem se filiar, ganhando um selo internacional em seu currículo.

38

Invista em um bom cartão de apresentação

A disciplina é a parte mais importante do sucesso.

Truman Capote (1924–1984)

Imagine a seguinte cena: durante um voo você se senta ao lado de uma pessoa e inicia uma conversa agradável. O sujeito é um empresário e se interessa pelo seu currículo. Quando o desembarque acontece e vocês se despedem, ele pede seu cartão de visita, pensando, quem sabe, num futuro contato. Mas você não tem cartão de visitas em mãos! Na verdade, você nem se preocupou em mandar fazer. E agora?

Pense comigo: você investiu tempo e dinheiro em sua formação, no seu currículo, na apresentação pessoal e negligencia um detalhe importante, simples e barato? Mesmo que você esteja sem emprego, não deve sair de casa sem eles.

Costumo caminhar diariamente no parque do bairro onde moro em Curitiba. Sempre levo meus cartões, caso precise. Você nunca sabe onde poderá encontrar alguém que peça seu cartão.

Mande fazer um jogo de cartões de visita em papel de boa qualidade. Coloque apenas seu nome, sua especialidade, telefone e e-mail.

Em algumas culturas o cartão de visita é tão importante que é recebido com as duas mãos.

39

Use sua rede de contato

*A melhor parte da vida de uma pessoa
está nas suas amizades.*

Abraham Lincoln (1809–1865)

Você deve ter vários amigos e deve conhecer muita gente. Talvez nem se dê conta de quantas!

Faça uma lista com os nomes das pessoas que você conheceu ao longo da vida. Amigos de infância, parentes, colegas do colégio, da faculdade e dos empregos anteriores. Vá ao encontro dessas pessoas para colocar as novidades em dia e deixe seu cartão de visita com elas. Com as que você não conseguir visitar, faça contato pelo Facebook ou pelo Linkedin.

Não peça emprego a elas. Isso as constrangerá. Apenas deixe claro que está sem emprego e que gostaria de trabalhar em determinada área. Elas poderão lhe ajudar por meio de preciosas dicas de quem pode contratá-lo.

40

Arrume algo para fazer

*Ocupe seu tempo evoluindo, ampliando
suas habilidades e competências.*

Johnny De' Carli

Aproveite este período que está sem emprego para ocupar bem seu tempo. Viaje, visite amigos e parentes, participe de cursos, reforme a casa, preste consultoria, pratique atividades físicas, faça a lição de casa com os filhos, leia, escreva, planeje.

Nem pense em ficar parado, sem atividade. Use suas habilidades para ganhar um dinheiro extra, como dando aulas particulares, fazendo serviços na casa dos outros, ministrando cursos, fazendo trabalhos temporários.

Eu, por exemplo, estou aproveitando meu período de licença não remunerada na Azul, onde tenho o privilégio de trabalhar pilotando os fantásticos EMBRAER 190 e 195, para escrever este livro. Estou fazendo algo que me dá prazer e ao mesmo tempo me proponho a ajudar quem está em busca de um emprego.

E você, de que forma está aproveitando o tempo livre?

41

Prepare a lista das empresas-alvo

*A verdadeira coragem é ir atrás de seu sonho
mesmo quando todos dizem que ele é impossível.*

Cora Coralina (1889–1985)

A realização de seu objetivo — conseguir um emprego —
pode estar na elaboração de uma lista de empresas para as
quais você gostaria de trabalhar. Você tem inúmeras fon-
tes para elaborar essa lista. Comece procurando nos sites
dos sindicatos de empresas, das associações comerciais
e industriais e prefeitura de sua cidade, nas federações
estaduais do comércio, indústria e serviço de seu estado
e, é claro, no Google.

Depois de concluir a lista com os nomes das empresas,
vem a etapa mais trabalhosa: verificar no site de cada
uma qual é o procedimento de envio de currículos, pois
ele muda de empresa para empresa. Algumas oferecem
um e-mail para o envio do currículo. Em outras há um
cadastro para ser preenchido. Todavia, se você mora
numa cidade pequena ou média, entregue seu currículo
nas empresas de pequeno e médio porte pessoalmente.

Detalhe importante: se a empresa não dispõe de um e-mail específico para o envio de currículos, ligue para saber o nome e o contato da pessoa para quem você deve enviá-lo. Caso contrário, seu currículo pode acabar na caixa postal de uma pessoa que não cuida do recrutamento ou que não é do setor em que você deseja trabalhar.

42

Olhe também para as cidades do interior

Aumente o alcance de seu radar.

Sady Bordin

A crise econômica não afeta as cidades com a mesma intensidade. Enquanto as capitais são as que mais demitem, algumas cidades menores são as que mais abrem vagas.

O Brasil tem 5.543 cidades além das capitais. Por que não incluir essas cidades em seu radar?

Confira as cidades do interior que abriram mais vagas de emprego no primeiro semestre: Franca (SP) — 6.102; Cristalina (GO) — 4.096; Juazeiro (BA) — 3.887; Venâncio Aires (RS) e Santa Cruz do Sul (RS) — 3.653 e 3.324, respectivamente; Nova Serrana (MG) — 3.271.

Além de ser mais fácil conseguir um emprego, devido ao menor número de candidatos, viver no interior oferece algumas vantagens, como custo de vida menor. Em muitas delas a qualidade de vida é melhor do que nas capitais.

Saia de sua zona de conforto e vá até onde está o emprego, mesmo que seja em uma pequena cidade de um estado diferente do que você mora.

43

Envie os currículos e faça o controle do envio

Controle seu destino ou alguém o controlará.

Jack Welch

Elabore uma planilha no Excel para ter um controle preciso do envio dos currículos.

Faça uma coluna para a data do envio, outra com o nome da empresa, uma para o nome da pessoa para quem você o enviou e uma para o tipo de envio (e-mail, cadastro ou pessoalmente).

Isso é fundamental para você não enviar seu currículo duas vezes para o mesmo lugar e para não deixar de fora nenhuma empresa da lista.

Quando enviar seu currículo anexado ao e-mail, não cometa a deselegância de não escrever nada no corpo do e-mail. Isso é imperdoável. O recrutador não vai nem se dar o trabalho de ler seu currículo. Escreva um texto curto, educado e, por favor, sem erros de português.

Depois de uma semana, envie outro e-mail para saber se a pessoa recebeu seu currículo e se teve a oportunidade de analisá-lo. Aproveite para se colocar à disposição para uma entrevista, mesmo que a empresa seja em outra cidade.

O controle serve também para você enviar versões atualizadas de seu currículo, sempre que fizer alguma alteração.

44

Não responda na hora

A paciência é amarga, mas seu fruto é doce.

Jean-Jacques Rousseau (1712–1778)

Se você está fazendo corretamente a lição de casa, em breve começarão a chegar propostas de emprego, convites para entrevistas e para participar de processos seletivos. Mas não responda nada na hora. Se permita um tempo para avaliar com calma a proposta. Analise criteriosamente cada aspecto positivo e negativo. Converse com sua família a respeito.

Às vezes é melhor aguardar uma proposta mais interessante do que abraçar um emprego que não vai acrescentar valor em seu currículo. Pode ser até prejudicial. Certos tipos de emprego criam uma mancha no currículo, como trabalhar para empresas com problemas de imagem no mercado ou junto à opinião pública ou envolvidas em escândalos.

45

Cadastre-se em sites profissionais e de emprego

O sucesso é uma consequência, não um objetivo.

Gustave Flaubert (1821–1880)

Utilize todos os recursos que a tecnologia oferece para aumentar suas chances de conseguir um emprego. Existem inúmeros sites de empregos — LinkedIn, Catho, Curriculum, Elancers, BNE (Banco Nacional de Empregos), SINE (Site Nacional de Empregos), InfoJobs, Empregos, Manager, EmpregoCerto entre outros. Alguns são gratuitos, alguns são pagos e outros têm as duas opções. Faça uma pesquisa e veja o mais interessante para o que você procura. Posso lhe assegurar que eles funcionam e que milhares de empresas os utilizam para fazer suas buscas.

Porém, um conselho: não caia nas ofertas de empregos que cobram para lhe indicar uma suposta vaga. Eu mesmo já caí nesse conto do vigário. É uma sensação muito ruim, pois, além de pagar uma taxa para fazerem a indicação do seu currículo para uma empresa, você fica animado com uma promessa de emprego que não existe. Depois não adianta procurar o Procon, pois o contrato apresenta uma cláusula (em letras miúdas, é claro) afirmando que a empresa não garante a contratação.

46

Tenha referências pessoais

Não te preocupes com os que não te conhecem,
mas esforça-te por seres digno de ser conhecido.

Confúcio (551 a.C.–479 a.C.)

Não importa onde você tenha trabalhado ou estudado, desde que tenha deixado uma boa impressão. Ter uma lista de nomes e telefones de pessoas com as quais você se relacionou no passado e que podem servir de referências é um diferencial muito bom para um profissional. Não é incomum os recrutadores telefonarem para o antigo empregador para pedir informações.

Melhor ainda se sua referência for uma pessoa conhecida no segmento onde você está procurando emprego. Um bom histórico é um endosso para a qualidade de seu trabalho e um atestado de confiança em seu nome.

Esforce-se e dê o melhor de si por onde passar, seja como aluno ou como empregado. Uma boa impressão irá acompanhá-lo pelo restante da vida, assim como uma má impressão.

Não coloque pai, mãe ou esposa(o) como referência. Indique alguém com quem você tenha se relacionado profissionalmente e que não seja membro da família.

Elabore essa lista e leve consigo uma versão impressa para a entrevista de emprego. Quando o entrevistador lhe perguntar se você tem alguma referência, você apresenta a lista.

47

Seja flexível quanto a propostas

Mantenha o foco, mas seja flexível.

Leila Navarro

Fui professor de marketing na década de 1990. Era um sonho que acalentei durante muito tempo. Depois de me preparar durante anos, recebi um convite para ministrar aulas de mídia, no curso de Publicidade e Propaganda da PUC-Curitiba. Mas não era exatamente a disciplina que eu desejava. Porém, uma vez dentro da organização, é possível mudar de cargo ao longo do tempo. Foi exatamente o que aconteceu. Em 1994, o professor de marketing na época deixou a instituição e o coordenador do curso me convidou para assumir, também, a disciplina que era meu objetivo.

Por isso, como lembra muito bem a palestrante Leila Navarro, *mantenha o foco, mas seja flexível*. Vários caminhos podem levá-lo ao destino desejado.

48

Tenha paciência e perseverança

Aquele que tiver paciência terá o que deseja.

Benjamin Franklin (1706–1790)

Prepare-se: psicológica e financeiramente! Conseguir uma recolocação no mercado de trabalho no Brasil está levando em média 8 meses, conforme pesquisa do IBGE (dados de 2015).

Mas conseguir um emprego é apenas parte do caminho para se chegar ao sucesso. O jornalista e palestrante britânico Malcolm Gladwell calculou que um profissional precisa, em média, de 10 mil horas ou 10 anos de trabalho e dedicação até obter sucesso em uma carreira.

É exatamente o tempo que o apresentador William Bonner precisou para chegar ao *Jornal Nacional* em 1996. Bonner fez sua estreia na tela da TV Bandeirantes de São Paulo 10 anos antes. O ator Harrison Ford precisou de 11 anos e muitas participações como figurante. Sua estreia foi em 1966, como figurante em *O ladrão conquistador,* mas a fama só chegou em 1977, com o personagem Han Solo em *Star Wars.*

Exemplos não faltam: desde meu primeiro voo como piloto privado até o primeiro voo como comandante de linha aérea se passaram 10 anos. A escritora britânica

Agatha Christie (1890–1976), recordista de livros vendidos na literatura popular mundial, só ficou conhecida 10 anos após a publicação de seu primeiro livro.

Tenha paciência. Não adianta ter pressa. O emprego e o reconhecimento virão. No seu devido tempo.

capítulo 7

Não morra na praia

De nada vale tentar ajudar aqueles
que não ajudam a si mesmos.

Confúcio (551 a.C.–479 a.C.)

Parabéns! Seu currículo foi selecionado e você foi chamado para uma entrevista de emprego. Meio caminho andado. Mas, atenção: ainda não dá para relaxar. Você terá que superar o último desafio para garantir o emprego: o processo seletivo. Lembre-se de que um convite para participar de uma seleção não é nenhuma garantia de emprego. Às vezes são milhares de candidatos disputando poucas vagas. No dia primeiro de junho, milhares de pessoas fizeram fila para se candidatar a uma das 350 vagas que o supermercado Festval, de Curitiba, abriu para o mercado.

Apesar de causar apreensão e ansiedade, as temidas entrevistas de emprego bem como as dinâmicas de grupo devem ser vistas como uma oportunidade para avaliar se há uma afinidade entre o perfil do candidato e a vaga oferecida.

Lembre-se de que uma contratação é uma via de mão dupla, onde se busca a satisfação do futuro colaborador com a empresa e desta com ele. Assim, ambos, empregado e empregador, saem satisfeitos com a contratação.

49

Nem-nem: nem pensar!

*A geração nem-nem revela o tamanho da
bomba-relógio que ameaça o futuro do Brasil.*

Gilberto Alvarez Giusepone Jr.,
no *Jornal do Brasil* (2013)

Talvez você ainda não tenha ouvido falar da geração nem-
nem. São pessoas que nem trabalham nem estudam! Só aqui
no Brasil, nada menos que 9,9 milhões de pessoas (revista
Exame, 2015) não trabalham nem estudam. Isso é muito
grave: assim que o país voltar a crescer e contratar, esses
jovens não estarão preparados para o mercado de trabalho.

Você não pode nem deve fazer parte dessa estatística. Evite
comparecer a uma entrevista de emprego sem ao menos estar fazendo um curso de inglês, de informática ou qualquer
outro curso ou realizando algum trabalho temporário. Pega
mal para um candidato não ter o que responder quando seu
entrevistador perguntar o que ele está fazendo no momento.

Quando uma pessoa está participando de algum curso —
seja ele qual for —, ela não só está valorizando o currículo
como estará conhecendo pessoas que poderão lhe dar boas
dicas sobre quem está contratando.

50

Salário: pesquise!

O homem vale tanto quanto o valor que dá a si próprio.

François Rabelais (1494–1553)

Uma das perguntas que fatalmente o entrevistador irá lhe fazer é sobre sua pretensão salarial. Os candidatos normalmente respondem que aceitam o salário que a empresa oferece, mas o entrevistador não se dá por satisfeito e insiste em saber o valor que você tem em mente.

Mas por que eles querem saber quanto você pretende ganhar? Geralmente para se certificar que o valor que a empresa oferece está compatível com o que você pretende ganhar. Isso lhes assegura que você não irá mudar de emprego se outra empresa oferecer um salário maior. Caso contrário, eles imaginam que você aceite o emprego e fique somente até o momento em que conseguir um emprego que lhe pague mais.

Para ter o que responder, sugiro que faça uma pesquisa nos sites de emprego e informe ao entrevistador a faixa salarial que o mercado está oferecendo para um trabalho similar em outras empresas. Isso soa mais profissional do que simplesmente falar um valor. Mostra que você está em sintonia com o mercado.

Vá para a entrevista munido dessa pesquisa.

51

Redes sociais: adote a neutralidade

Disciplina é a ponte entre metas e realizações.

Jim Rohn (1930–2009)

Conforme estudo da empresa britânica On Device Research, 10% dos candidatos a uma vaga de emprego são eliminados por causa de postagens em redes sociais.

Adote uma postura neutra nas suas postagens. Coloque ou compartilhe apenas mensagens de cunho positivo, motivadoras ou inspiradoras. Fique longe dos comentários políticos e religiosos. Não assuma posições de cunho político, pois você pode estar fechando portas. Provavelmente, você não conhece a posição política de seu entrevistador ou da empresa para a qual está disputando uma vaga.

Um executivo de uma grande empresa brasileira foi demitido em 2011 porque fez um comentário de cunho preconceituoso a respeito dos nordestinos após a eleição de Dilma Rousseff. No mesmo dia da postagem, um importante político entrou em contato com a presidência da empresa e pediu sua cabeça, o que foi prontamente atendido.

52

Pratique a caligrafia

A caligrafia — que é escrever bem, com beleza e legibilidade — continua a ser, por muito fútil que possa parecer, um triunfo gráfico da nossa alma.

Miguel Esteves Cardoso

Muitas empresas fazem análise grafológica dos candidatos. Funciona assim: eles pedem para você escrever uma redação numa folha branca, sem margens ou linhas, e depois fazem uma complexa análise da sua caligrafia para traçar características de sua personalidade. Por isso, se sua letra é incompreensível, como muitas pessoas admitem, trate de aprender a escrever de forma caprichada. Pois a caligrafia pode dizer muito mais do que você imagina sobre sua personalidade. Ela pode apontar, por exemplo, candidatos com baixa autoestima, desequilíbrio emocional, emotivos ou tímidos. Por outro lado, pode apontar candidatos com bom equilíbrio emocional, flexíveis, organizados ou racionais.

A análise grafológica não se trata de um teste do tipo aprovado ou reprovado. O problema é que essa análise pode eliminar um candidato se o recrutador entender que o perfil da pessoa não é adequado para a vaga. Por isso, dedique uma parte do seu tempo para aprender a escrever de forma caprichada.

Dizem que um dos motivos do tremendo sucesso dos produtos da Apple é devido ao seu design de formas suaves e arredondadas, talvez por influência do curso de caligrafia que Steve Jobs (1955–2011) fez em Portland (Oregon, Estados Unidos) na década de 1970.

53

Prepare-se para as entrevistas

*É melhor estar preparado e não ter a oportunidade
do que ter a oportunidade e não estar preparado.*

Whitney Young Jr.

Da mesma forma que um atleta treina para uma competição ou um estudante estuda para uma prova, você deve treinar para as entrevistas de emprego. É fácil: peça para amigos ou parentes simularem uma entrevista com você. Tanto pessoalmente, quanto pelo Skype. Esteja preparado para responder as perguntas de costume, como:

- Por que não tem experiência?
- Por que saiu de seu último emprego?
- Por que ficou sem trabalhar por tanto tempo?
- Por que você quer trabalhar nesta empresa?
- Onde você espera estar daqui a 10 anos?
- De que forma você pode contribuir para o crescimento da empresa?
- Como você lida com críticas, cobranças, pressão?
- Quais são seus pontos fortes e fracos?

Sugiro assistir ao filme francês *O valor de um homem* (2015), que mostra a luta do personagem Thierry para conseguir um emprego. Há duas passagens interessantes em relação a entrevistas de emprego: a primeira é a entrevista que ele concede através do Skype. A segunda é uma avalição de sua postura, gestos, expressão e dicção. É uma aula sobre os cuidados que um candidato deve ter durante a entrevista.

54

Nem pense em mentir

A mentira nunca vive o suficiente para envelhecer.

Sócrates (469 a.C.–399 a.C.)

Se você acha que as empresas não irão checar as informações que você colocou em seu currículo, está muito enganado. Irão, sim. E não adianta colocar que seu inglês é fluente se na verdade é apenas mediano. Seu entrevistador pode ser fluente em inglês e você vai se dar mal se ele conduzir a entrevista nesse idioma. Também não aumente suas realizações, pois qualquer informação adulterada pode ser o fim de sua participação num processo seletivo. Ou você pode ser contratado e depois ser demitido, como o caso a seguir.

Scott Thompson assumiu a presidência do Yahoo! em janeiro de 2012, após ter recebido um convite do presidente do conselho de administração da empresa. Apenas três meses depois, ele foi demitido. O motivo foi a descoberta de uma informação inverídica em seu currículo. Thompson havia garantido que tinha duas formações, quando na verdade tinha apenas uma.

Na aviação, presenciei casos de pilotos que tiveram suas licenças cassadas por conta de sua criatividade contábil nas horas de voo. A agência fiscalizadora achou estranho que um mesmo avião tivesse voado mais de 25 horas num mesmo dia, e a fraude foi descoberta.

Mentir nunca é uma opção.

55

Entrevistas — como se vestir adequadamente

O homem bem-vestido é o homem em cuja roupa nunca se repara.

William Somerset Maugham (1874–1965)

Não escolha a roupa para impressionar o entrevistador, mas sim para que ela não comprometa a avaliação. O foco da entrevista deve ser seu currículo.

A consultora de imagem pessoal e corporativa Cintia Demori recomenda que, antes de abrir seu guarda-roupa para escolher o que vestir, os candidatos devem acessar o site da empresa para ter uma noção do grau de formalidade da mesma. A escolha da vestimenta deve levar em conta o porte da empresa e, principalmente, a função para a qual o profissional está se candidatando.

Ela lembra que o importante nesse caso não é valorizar seu corpo, mas sim seu intelecto. Por isso, a boa e velha dupla calça e camisa é infalível quando se trata de entrevistas de emprego.

VENCENDO A CRISE | 127

Cintia lembra que quanto mais simples, limpa e bem-passada esteja sua roupa, mais zeloso, cuidadoso e organizado você irá parecer. Roupas velhas ou gastas, puídas ou manchadas e decotes exagerados são proibidos. Demonstram desleixo profissional e descaso com as regras de etiqueta social e profissional.

Resumidamente, para empresas mais formais, a recomendação é:

- Para as mulheres: *tailleur*, camisa de manga longa e calça social ou vestido até o joelho.
- Camisas nas cores claras ou tons pastel, como: branca, bege, rosa-claro, azul-claro ou lilás. Pode ter alguma estampa, como listras ou flores ou bolinhas, porém pequenas e discretas.
- Já a calça pode ser preta, marrom, cinza, azul-marinho, cáqui. Desde que também no tamanho ideal. Nunca muito justa, marcando seu corpo. Atenção com o comprimento da barra. O uso do cinto é opcional, mas, se usar, que sejam discretos e combinem com os sapatos — pelo menos da mesma cor.
- O sapato pode ser baixo, até mesmo sapatilha; se tiver salto, que seja de até no máximo 5cm. Opte pelo salto mais grosso, que dá mais estabilidade ao caminhar.
- Para os homens, Cintia sugere terno e gravata, camisa de manga longa em cores claras ou tons pastel, como: branca, bege, verde-clara ou azul-clara com calça social.

- O cinto deve combinar com a cor dos sapatos, assim como as meias. Opte por um sapato de couro preto ou marrom-escuro. Evidentemente, limpo e engraxado.

Sugestão para empresas mais informais:

- Camisa social com calça jeans, sem ser muito justa, no modelo mais simples possível, sem bordados, desenhos, brilhos, destonados e lavagens modernas em geral.
- Sapato com as meias combinando.
- Vestido com comprimento até o joelho.

Para se aprofundar no tema, pesquise sites de moda na internet.

56

Entrevistas — relaxe, sorria e aproveite a oportunidade

O maior ponto forte de alguns candidatos a emprego é sua habilidade de impressionar as pessoas que os entrevistam.

Robert Half (1919–2001)

Parabéns! Se você foi convidado para uma entrevista é porque gostaram do seu currículo. Meio caminho andado. Mas muita atenção nesta hora, pois a entrevista é o momento decisivo para sua contratação. Qualquer deslize pode significar a eliminação do processo seletivo. Confira os erros que podem condená-lo durante uma entrevista:

- Chegar atrasado. Procure chegar antes da hora marcada, para relaxar, regularizar a respiração e se ambientar com a empresa.
- Falar demais. Procure falar menos e ouvir mais.
- Gírias e palavrões, nem pensar.
- Comentários minimalistas: é, né, tá, legal, foi bom, não sei, sei lá — todos dispensáveis.
- Mentir. Nem em pensamento.

- Não ter se informado sobre a empresa. Pesquise na internet o histórico da empresa, ramo de atuação, segmentos.
- Criticar seu ex-chefe, jamais. Se falar, que seja para elogiar.
- Não fazer perguntas. A entrevista é uma oportunidade para conversar sobre o emprego, a carreira, os desafios.
- Não aumente suas realizações. Seja objetivo e sincero. Lembre-se de que as conquistas são resultado do trabalho em equipe.
- Ficar sério. Você deve estar feliz por estar sendo entrevistado, certo?
- Não se vanglorie. Bem assinalou o médico francês Edme-Pierre Beauchêne (1749–1824): *quanto mais falamos de nossos méritos, menos os outros acreditam em nós.*

57

Cuidado com a postura e os gestos durante a entrevista

Lembre-se, então, de que o corpo também fala, e é preciso prestar atenção não só naquilo que você fala, mas também na postura que tem durante a entrevista.

Lygia Haydée

Você já deve ter ouvido que o corpo fala e transmite informação? Pois então, todos os seus gestos e postura durante a entrevista serão avaliados pelo entrevistador. Não basta controlar apenas o que você fala, mas também sua linguagem corporal. Confira algumas dicas:

- Não leve mãe, pai ou namorada para a entrevista.
- Desligue o celular antes de entrar na empresa.
- Sorria ao cumprimentar o entrevistador. Dê um aperto de mão firme e olhe nos olhos dele.
- Não recline o corpo para trás.
- Não olhe diretamente nos olhos do entrevistador por longos períodos de tempo.
- Não coloque a bolsa sobre a mesa.

- Evite cruzar os braços.
- Evite qualquer tipo de tique ou balançar as pernas.
- Não roa as unhas.
- Não confira a hora no relógio ou no celular.

58

Dinâmica de grupo — seja você mesmo

*Acho que ser natural e sincero
é o que realmente importa.*

Freddie Mercury (1946–1991)

Outra etapa importante do processo seletivo é a famosa dinâmica de grupo. Ela nada mais é que alguns exercícios e atividades realizados pelos candidatos e observados por um psicólogo. Eles avaliam a capacidade de interação do candidato com os demais, características de personalidade e sua habilidade para trabalhar em equipe.

A orientação é que você seja o que realmente é: não tente desempenhar um papel de líder se não tem vocação para ser líder. É importante que você seja espontâneo! Assim o profissional que o está avaliando saberá se você tem o perfil condizente com o cargo. Muitas vezes, observando o desempenho de um candidato na dinâmica de grupo, o avaliador acaba oferecendo outra vaga ao candidato, por considerar mais apropriado ao perfil do profissional.

Se não for selecionado para a vaga, não desanime. Certamente aquela vaga não seria adequada para você. Tanto a empresa quanto você sairiam perdendo.

59

Não foi selecionado?
Analise os motivos

*Não precisamos mudar nosso objetivo,
basta mudar a estratégia.*

Mike Leal

Não ser aprovado num processo seletivo não é o fim do mundo. Existem inúmeros motivos para um recrutador não o ter selecionado. Acredite: não é nada pessoal. Não fique desanimado nem se culpe. Aproveite a experiência para ver o que você pode mudar para a próxima seleção.

Veja abaixo alguns exemplos de prováveis motivos para não ter sido selecionado e as possíveis soluções:

- Você se saiu mal na entrevista. Ficou nervoso, falou demais, falou de menos. Falou o que não deveria. Faça novas simulações para não repetir o comportamento na próxima seleção;
- Você não estava plenamente qualificado para a função. Informe-se sobre quais são as competências e habilidades necessárias para a vaga e veja se você está qualificado para a mesma;

- Você estava superqualificado para a função. A empresa entendeu que seu talento não seria totalmente aproveitado. Selecione melhor as vagas antes de enviar seu currículo.
- O salário que você tinha em mente estava muito acima do que a empresa oferecia. Pesquise os salários daquele ramo de atividade para você saber os valores praticados pelo mercado.
- O avaliador achou que o seu perfil psicológico não era adequado ao perfil que a vaga exigia. Agradeça a empresa por não ter sido contratado, pois você ficaria totalmente frustrado naquele cargo.

60

Agradeça a oportunidade

Nenhum dever é mais importante do que a gratidão.

Marco Túlio Cícero (106 a.C.–43 a.C.)

Demonstre maturidade e profissionalismo. Envie uma carta para a pessoa que o entrevistou (sim, carta mesmo, pois os e-mails se perdem dentro de uma caixa de mensagens abarrotada de mensagens) para agradecer por terem lhe convidado para participar do processo seletivo.

Lembre-se de que eles tiveram o trabalho de ler, analisar seu currículo, convidá-lo para uma entrevista e, finalmente, fazer a entrevista.

Talvez o chamem em outra oportunidade para participar de outro processo seletivo.

Uma carta de agradecimento demonstra, além de educação, que você não guarda nenhuma espécie de ressentimento por não ter sido selecionado. E chamará a atenção, pois raramente alguém faz isso.

61

Mantenha as portas abertas

*Que as tuas palavras ilustrem teu comportamento,
e teu comportamento, tuas palavras.*

William Shakespeare (1564–1616)

Você já deve saber que, mesmo tendo sido aprovado no processo seletivo e contratado, passará por um período de experiência. Por isso, ainda é cedo para relaxar, pois muita coisa pode acontecer em três meses, período habitual de experiência.

Dessa forma, mantenha as portas abertas para outros convites. Não descarte nenhum. Se eventualmente uma empresa entrar em contato, responda, de forma educada e prontamente, que está em fase de experiência. Se alguma coisa der errado, você volta a conversar com a empresa que o procurou nesse período.

Tenha sempre um plano B caso algo dê errado. Na aviação, o objetivo é sempre pousar no aeroporto de destino. Mas sempre temos um aeroporto como segunda opção, caso o aeroporto de destino esteja fechado por causa de um nevoeiro, por exemplo.

62

Não abandone o barco no meio da viagem

Nunca devemos mudar de cavalo no meio do rio.

Abraham Lincoln (1809–1865)

Não cometa a loucura de abandonar um emprego no período de experiência para participar de um processo seletivo em outra empresa mais interessante e com salário maior. Lembra do ditado que diz: melhor um pássaro na mão do que dois voando? Você pode pedir dispensa, ir correndo para a outra empresa e não ser aprovado!

Deixe eu contar uma história que aconteceu em 2008. Um experiente comandante, recém-contratado, havia finalizado o treinamento em simulador na França. Assim que voltou ao Brasil, pediu demissão, para surpresa de todos. Ele tinha aceitado um convite para voar numa empresa de carga aérea com uma oferta de salário maior. Acontece que ele não foi aprovado no processo de admissão. Uma coisa é receber um convite. Outra é ser aprovado no processo de admissão.

Depois dessa demonstração de falta de comprometimento, você acha que ele pode retornar para seu antigo emprego? Além de ter fechado as portas no trabalho anterior, dificilmente ele conseguirá uma boa colocação no mercado, pois as notícias ruins correm mais que as boas.

capítulo 8

Usando um trampolim para conseguir um emprego

A adversidade é um trampolim para a maturidade.

Charles Caleb Colton (1780–1832)

Existem outras maneiras de se conseguir um bom emprego além do tradicional caminho dos anúncios. Selecionei alguns exemplos de pessoas que conseguiram um bom trabalho por meio de alternativas que o mercado oferece. São opções que nem sempre as pessoas lembram ou conhecem. Quem sabe uma delas possa lhe ajudar ou servir de inspiração?

63

O trabalho de aprendiz como diferencial para um emprego

Não se aprende bem a não ser pela experiência.

Francis Bacon (1561–1626)

É comum os jovens reclamarem da dificuldade em entrar no mercado de trabalho por causa da falta de experiência, exigida pelas empresas. Mas há uma maneira de contornar essa exigência por meio do trabalho como aprendiz. Trata-se de um programa de aprendizagem que visa fornecer uma formação técnico-profissional ao jovem aprendiz.

Esse programa está aberto aos jovens com idade entre 14 e 24 anos e não impede que o jovem conclua o ensino fundamental, pois limita a jornada diária de trabalho a seis horas para quem está estudando. Para aqueles que já concluíram o ensino fundamental, a jornada diária de trabalho pode chegar a oito horas.

Concluindo esse programa, o jovem vai entrar na disputa por uma vaga no mercado de trabalho com o domínio prático de uma atividade técnica e com a valorizada e exigida experiência profissional.

64

O TCC como trampolim para um emprego

O prêmio por uma coisa bem-feita é tê-la feito.

Ralph Waldo Emerson (1803–1882)

Meu colega, comandante Rubens, conseguiu seu primeiro emprego em 2005 por conta do seu excelente trabalho de conclusão do curso da Faculdade de Ciências Aeronáuticas. O tema "Criação dos manuais de uma empresa aérea" lhe abriu as portas para trabalhar como coordenador de treinamento na Helisul, importante empresa aérea fundada em 1972, em Foz do Iguaçu, e hoje com atuação em várias regiões do Brasil.

Não encare seu trabalho de conclusão de curso, o TCC, como mera formalidade para obter seu desejado diploma. Encare-o como um software que você vai desenvolver para ser utilizado por uma empresa. Além de conseguir um emprego, você terá um retorno financeiro pelo tempo e dedicação que alocou fazendo seu TCC.

65

O estágio como caminho
para a presidência

O sucesso é a soma de pequenos esforços —
repetidos dia sim e no outro dia também.

Robert Collier (1885–1950)

Quer um bom motivo para acreditar que um estágio pode ser o primeiro passo para um bom emprego? Pois bem, vou lhe dar dez nomes de estagiários que chegaram a presidente de grandes corporações:

Adilson Primo, Siemens; Alain Belda, Alcoa; Gustavo Marin, Citibank; Ivan Zurita, Nestlé; Jack Welch, General Electric; Laércio Cosentino, Totvs; Marcos de Marchi, Rhodia; Paulo Kakinoff, Audi; Vasco Dias, Shell; Vinicius Prianti, Unilever.

Não encare seu estágio obrigatório apenas como uma etapa para obter a graduação, mas como uma oportunidade para fazer uma carreira em uma grande empresa. Dê o máximo de si em seu estágio, trabalhando como se já fosse um funcionário registrado e demonstrando muito interesse em aprender e ajudar no que estiver ao seu alcance. O Grupo Barigui, por exemplo, que tem sede em Curitiba e opera com quarenta concessionárias de automóveis no Sul do Brasil, efetiva em média 80% de seus estagiários.

66

O trabalho temporário como ponte para o emprego

O trabalho pode ser temporário, mas a sua carreira, não.

Alexandre Prates

De acordo com dados da Associação Brasileira das Empresas de Serviços Terceirizáveis e de Trabalho Temporário, 147 mil vagas de trabalho temporário foram ofertadas no final de 2015 e, destas, 42 mil foram efetivadas. Uma taxa de efetivação de 29% do total dos contratados temporários.

Não importa se o trabalho for pelo período de apenas um mês ou três meses, prazo máximo para essa modalidade de trabalho. O trabalhador temporário não pode perder essa vitrine para demonstrar seu empenho e comprometimento em desempenhar a função.

O profissional deve ter em mente que, mesmo que o contrato seja para uma pequena loja num shopping ou filial de uma grande empresa, seus supervisores ou mesmo os donos estarão de olho no desempenho do profissional temporário. Eles podem surpreendê-lo com um convite para efetivação ao final do contrato. Por isso, cada dia de contrato deve ser aproveitado com total empenho, dedicação e comprometimento.

67

A consultoria como passaporte para um emprego

Ser bem-sucedido no mundo é sempre uma questão de esforço pessoal. Todavia, é um engano acreditar que alguém pode vencer sem a cooperação de outros.

Napoleon Hill (1883–1970)

Se você tem experiência com administração, gestão, finanças, marketing, vendas ou outra área, use esse conhecimento e experiência para ajudar empresários por meio da consultoria. O valor do trabalho não é tão relevante quanto a oportunidade de conseguir um ótimo emprego.

O presidente da Azul Linhas Aéreas, o engenheiro Antonoaldo Neves, participou ativamente da consultoria que a McKinsey prestou para a Azul durante o processo de fusão com a Trip Linhas Aéreas, em 2013.

Por conta de seu excelente desempenho nesse trabalho, Neves foi convidado pelo fundador da Azul, David Neeleman, a assumir a presidência da empresa, o que ocorreu em 27 de janeiro de 2014.

68

Trabalho voluntário como trampolim para um emprego

Para sobressair, só fazendo algo diferente para que a organização para a qual você trabalha se destaque.

Juliana Fabri

Em vez de ficar em casa esperando o resultado de um processo seletivo, por que não trabalhar como voluntário (sem salário) em uma das mais de 290 mil (IBGE, 2010) associações e fundações sem fins lucrativos que existem no Brasil?

A professora de português Vanessa Skrobot Godoy conseguiu seu primeiro emprego como professora na TECPUC, em 2009, graças a experiência adquirida em trabalho voluntário como professora em um curso pré-vestibular nos anos anteriores.

Apesar de o trabalho voluntário não gerar vínculo empregatício (Lei Federal nº 9.608/98), ele é uma excelente oportunidade para você adquirir experiência e expor suas habilidades e competências, além de ser um ótimo cartão de visitas para futuros convites de emprego. Tanto para a organização para a qual você irá trabalhar como para as pessoas de outras associações ou empresas com as quais você terá contato. Até mesmo na própria entidade você pode ser convidado a assumir um cargo de dirigente e, aí sim, com remuneração.

Antes de se voluntariar, confira se você se enquadra nos sete requisitos destacados pela revista *Exame* de dezembro (2012):

1) Afinidade com a causa.
2) Identificação com os valores da organização.
3) Flexibilidade.
4) Criatividade.
5) Bom relacionamento.
6) Organização.
7) Bom humor.

69

A ética como trampolim para a presidência

No Brasil, quem tem ética parece anormal.

Mário Covas (1930–2001)

Quem diria, a ética, que deveria ser algo natural e inerente ao ser humano, pode ser um diferencial para se conseguir o cargo mais importante em países onde a corrupção é alta, como o Brasil e a Rússia, que ocupam as posições 76ª e 119ª, respectivamente, no ranking da Transparência Internacional, 2015.

Permita-me contar uma rápida história para demonstrar a importância de se ter um comportamento ético.

O local era Leningrado (atual São Petersburgo), Rússia, e o ano era 1990. O empresário Boris Berezovsky procurou Vladimir Putin, então assessor da Câmara Municipal, com o intuito de obter uma licença para abrir uma oficina e importar peças da Finlândia. Após obter a autorização para seu empreendimento, Berezovsky ofereceu a Putin uma propina, fato comum envolvendo burocratas. Putin prontamente se recusou a receber.

Em 1999, quando o grupo que apoiava Boris Yeltsin — liderado pelo então magnata do petróleo e das comunicações, Berezovsky — procurava um nome para a sua sucessão, eis que Berezovsky sugeriu o nome de Putin (então chefe da KGB), por ser ético, elegante, jovem e moderno e se vestir com ternos europeus. Ele tinha 48 anos na época e representava a nova cara que a Rússia precisava, nas palavras de Berezovsky. Putin foi eleito presidente da Rússia em 2000.

Claro que não foi somente pela ética e pelas belas roupas que Putin foi eleito presidente da Rússia. Mas o fato marcante em Leningrado, somado à imagem de pessoa moderna, foi um trampolim para o convite e, consequentemente, para a presidência da Rússia.

Seja correto e aja de forma correta, sempre. Eventualmente boas propostas podem surgir.

70

A oportunidade como convite para virar astro de cinema

A habilidade é de pouca importância sem a oportunidade.

Napoleão Bonaparte (1769–1821)

O jovem indiano Suraj Sharma nunca havia atuado na vida. Seu irmão mais novo o convidou para acompanhá-lo em um teste para o papel de Piscine Molitor Patel, no filme *As aventuras de Pi*, de Ang Lee (2012).

Ao vê-lo sentado na plateia aguardando o irmão, o diretor o convidou para participar dos testes. Suraj Sharma acabou por ser escolhido para interpretar o personagem principal do filme. Se ele não tivesse aceitado o convite de seu irmão para simplesmente acompanhá-lo, não teria se tornado astro de Hollywood. As oportunidades aparecem apenas para quem está no lugar certo na hora certa, mesmo sem esperar por elas. Às vezes nem conhecemos certas habilidades até que uma oportunidade deixe-a florescer.

Aceite convites, mesmo que seja para fazer algo que aparentemente não tem nada a ver com seus interesses. Quem sabe não é uma oportunidade de ouro para sua carreira?

71

A indicação como porta de entrada para um emprego

Com a indicação, é inegável que o contratante ganha uma segurança maior na hora de fazer a contratação.

Núria Priscila Valentini Borro

Meus empregos como professor universitário (PUC-1994) e como copiloto (InterBrasil-1998) foram possíveis graças a indicações. Convém deixar claro, entretanto, que uma indicação não é garantia de um emprego. Ela apenas abre as portas para a seleção. Nos dois casos, eu estava capacitado para a função.

Para a vaga de professor na PUC eu tinha a credencial por ter sido professor no SENAC e no Centro Europeu, ambos de Curitiba. Com relação à aviação, tinha as licenças de piloto comercial, voo por instrumento e multimotor, tanto a brasileira (ANAC) quanto a americana (FAA), além do domínio do inglês para aviação.

Por isso, esteja com as credenciais prontas para quando for indicado para uma vaga. Muitas empresas chegam a pagar funcionários para que indiquem um bom profissional.

Uma pesquisa conduzida pelo Departamento Intersindical de Estatística e Estudos Socioeconômicos (Dieese), em 2014, apontou que 57,1% dos candidatos foram contratados por meio de indicação de familiares ou amigos que já trabalhavam nas empresas contratantes.

72

O trabalho de doméstica como ponte para ministra

Quanto maiores são as dificuldades a vencer,
maior será a satisfação.

Marco Túlio Cícero (106 a.C.–43 a.C.)

Delaíde Alves Miranda Arantes tinha 15 anos e morava em Pontalina (GO) quando começou a trabalhar como doméstica para conseguir estudar e, depois em Goiânia, para pagar a moradia. Claro que não foi o trabalho como doméstica que a levou ao cargo de ministra anos depois. Foi sua vontade e determinação de fazer o curso de Direito que a levou a trabalhar para poder realizar seu sonho.

Esse exemplo é mais um incentivo às 6,4 milhões de domésticas (ONG Doméstica Legal) para usarem parte da renda de seu trabalho para estudar e, assim, abrir portas para novas oportunidades.

Conforme dados do IBGE (2015), 10% das domésticas no país estão matriculadas no ensino superior. O número ainda é baixo, mas demonstra que algumas delas estão em busca de melhorar sua condição socioeconômica e conseguir um emprego que lhes ofereça uma oportunidade para construir uma carreira de sucesso, a exemplo da ex-ministra Delaíde.

73

Usando a criatividade para criar um emprego

A lógica pode levar de um ponto A a um ponto B.
A imaginação pode levar a qualquer lugar.

Albert Einstein (1879–1955)

Está difícil conseguir um emprego? Talvez a criatividade possa ajudar.

Uma emocionante luta de boxe entre Muhammad Ali e Chuck Wepner, em 24 de março de 1975, serviu de inspiração para o até então desconhecido e desempregado Sylvester Stallone.

Apesar da esperada vitória de Muhammad Ali, Chuck Wepner, na época conhecido como O Sangrador de Bayonne, aguentou firme as investidas de Ali em 15 duros rounds e tornou-se o quarto homem na história a derrubar o grande Ali num ringue.

Em apenas três dias Sylvester Stallone escreveu o roteiro para um filme, *Rocky*, que estreou com sucesso em 1976. Ele ofereceu o roteiro a vários estúdios, com a condição de atuar no papel principal. Chegou a recusar uma proposta de US$135 mil, uma fortuna para a época, principalmente para alguém que tinha vendido seu cachorro por meros US$25 para poder comer alguma coisa. Mas ele não desistiu até encontrar um estúdio que aceitasse sua exigência. Depois do estrondoso sucesso do filme (*Rocky* ganhou o Oscar de Melhor Filme daquele ano), a carreira do ator deslanchou.

Stallone estava sem emprego, mas não abatido. Usou uma emocionante luta como fonte de inspiração para escrever o roteiro de um filme, não com a preocupação de ganhar dinheiro, mas para que servisse como um trampolim e abrisse as portas a uma carreira de sucesso no difícil mundo de Hollywood.

Muitas vezes pode-se criar um emprego que ainda não existe oferecendo algum benefício para alguém que possa vir a empregá-lo. Um professor pode oferecer um curso novo para uma instituição de ensino. Um chefe de cozinha pode criar um novo cardápio para um restaurante. Um programador pode desenvolver um sistema de segurança para uma empresa. Um engenheiro, um novo layout da fábrica que irá reduzir custos de produção e assim por diante.

Pense nisso!

PARTE II

MANTENDO UM EMPREGO

Para manter uma lamparina acesa,
precisamos continuar colocando óleo nela.

Madre Teresa de Calcutá (1910–1997)

capítulo 9

Faça mais

Não se preocupe quando não for reconhecido,
mas se esforce para ser digno de reconhecimento.

Abraham Lincoln (1809–1965)

Não se dê por satisfeito apenas por cumprir bem sua função. Procure ir além do que lhe solicitam e esperam que você faça. Você pode surpreender de forma positiva os seus superiores e ter seu nome lembrado quando o assunto for promoção. Pode, inclusive e por mérito, ser deixado de fora de uma lista de demissões.

Nos bons tempos de faculdade, um professor nos contou uma história curiosa. Durante uma reunião entre um dirctor da Amil e sua equipe de marketing para discutir o novo slogan da empresa, a moça que servia o café sugeriu a célebre frase "Ligue Amil, 223-1000", que veio a ser adotada pela empresa durante muitos anos.

Não se limite à função descrita no organograma da empresa. Fique de olhos e ouvidos atentos para tudo o que está acontecendo na empresa e que pode ser feito de forma mais rápida, mais econômica, mais eficiente ou diferente.

No dia 7 julho de 2014, um voo da Frontier Airlines que seguia de Washington para Denver, nos Estados Unidos, teve que ser desviado para o pequeno aeroporto de Cheyenne (Wyoming), por conta do mau tempo no aeroporto de destino. Como a comida dos passageiros tinha acabado e eles ainda teriam que esperar por duas horas para prosseguir a viagem, o comandante Gerhard Bradner teve a inusitada ideia de encomendar 50 pizzas para servir aos passageiros. Os 160 passageiros aplaudiram o comandante quando ele anunciou a encomenda das pizzas. Sua função era apenas a de levar o avião, com segurança, de uma cidade a outra. Mas ele foi além: sua iniciativa amenizou o aborrecimento dos passageiros com a longa espera e encantou os clientes da companhia.

74

Evite faltar ao trabalho

Somos responsáveis não só por aquilo que fazemos,
mas também pelo que deixamos de fazer.

Jean-Baptiste Poquelin (1622-1673)

Um funcionário pode faltar ao trabalho por diversos motivos. Aliás, motivos não faltam. Principalmente aqueles relacionados à saúde, causa mais comum de afastamento do trabalho.

O problema é quando essas faltas começam a se repetir e passam a chamar a atenção dos chefes. Ainda que os motivos sejam justificáveis, com o tempo, a empresa começa a perder a confiança no colaborador faltante, por mais eficiente que seja. Provavelmente ele será desligado em uma primeira oportunidade, pois suas repetidas faltas podem criar um precedente negativo para os demais funcionários, que começam a desconfiar que não há punição para esse tipo de conduta.

Mas se for para ser demitido, use uma dessas desculpas inacreditáveis que extraí na internet: *meu peixe está doente; fui picado por um inseto; não quis deixar meu cachorro sozinho;*

fiquei preso na minha casa; meu filho de 13 anos pegou meu carro e não pude ir ao trabalho; a porta da geladeira caiu no meu pé; a porta da garagem emperrou e não pude sair do prédio; embarquei sem querer num avião; acordei de bom humor e simplesmente não queria estragar isso.

75

Atenda bem seus clientes externos e internos

Não há nada tão inútil quanto fazer eficientemente o que não deveria ser feito.

Peter Drucker (1909–2005)

Além de prestar um bom atendimento aos clientes externos, obrigação de todos os colaboradores, você deve também se esmerar em tratar bem os colegas de trabalho, conhecidos por clientes internos.

Quando um colega lhe solicita alguma coisa é porque ele precisa do que lhe foi pedido para fazer bem o trabalho dele. Atenda-o prontamente.

Qualquer atraso na entrega do que lhe foi solicitado poderá comprometer o trabalho de seu colega. Por exemplo: o financeiro de uma empresa só pode efetuar o pagamento dos salários depois que o responsável pela área entregar a lista com os nomes e valores. Caso ele atrase seu trabalho, o financeiro não poderá fazer esse pagamento, prejudicando todos os colaboradores.

Evite colocar seu emprego em risco. Procure, sempre:

- Cumprir horários, rigorosamente.
- Cumprir prazos. Na hipótese de não poder cumpri-los, avise seu superior o quanto antes.
- Desempenhar seu trabalho com qualidade (fazer mais rápido e com menor custo o que lhe foi solicitado).
- Desempenhar seu trabalho com eficácia (fazer a coisa certa no menor tempo). Um espaguete à bolonhesa e não um espaguete ao sugo, por melhor que seja.

76

Quando apontar um problema, traga junto a solução

Um problema é uma chance para você fazer o seu melhor.

Duke Ellington (1899–1974)

Apontar problemas é fácil. Até quem está de fora consegue apontar problemas num piscar de olhos. A diferença está em apontar as soluções. Eis a grande sacada!

Identificar dificuldades é um bom exercício de observação. Mostra que você está ligado na empresa e atento ao que não está funcionando bem ou que poderia ser melhorado. Num primeiro momento, não comente com ninguém sobre problemas que você vem observando. Faça uma lista e depois veja o que poderia ser feito para resolver a situação que você identificou. Analise se a solução que você apontou é viável do ponto de vista financeiro, operacional ou legal. Muitas vezes a legislação impede a implementação de uma mudança.

Certa vez contei para um colega que trabalha no aeroporto uma ideia para agilizar o processo de desembarque e embarque após cada pouso. Ele me disse que a ideia, apesar de ótima, não era viável por causa das normas aeroportuárias.

Eventualmente alguém já teve a mesma ideia que você está tendo neste exato momento. Por isso, não fique tão animado com uma solução para um problema. Certifique-se, primeiro, que ela é original.

77

Destaque-se

*A grandeza não consiste em receber honras,
mas em merecê-las.*

Aristóteles (384 a.C.–322 a.C.)

Você já ouviu falar da major Pricilla de Oliveira Azevedo? Essa policial conseguiu se destacar entre 50 mil policiais militares do Estado do Rio de Janeiro. Em 2009 ela foi premiada pela revista *Veja* com o Prêmio de Personalidade do Ano. Em 2012 recebeu, em Washington (Estados Unidos), o Prêmio Internacional Mulheres de Coragem entregue pela secretária de Estado, Hillary Clinton.

Muitas empresas adotam programas de premiação de colaboradores que se destacam em sua área de atuação. Participe. Empenhe-se. Não o faça apenas em função do ganho financeiro, mas pelo prazer de fazer mais, de ir além. Faça valer cada minuto do tempo que você dedica à carreira. Seu nome vai para uma galeria, você fica um pouco mais conhecido na organização e seu currículo ganha um dado relevante. O mais interessante nessas premiações é que você não precisa ser o colaborador mais talentoso da empresa. Basta ser pontual, não faltar ao trabalho, usar corretamente o uniforme, estar sempre com a aparência impecável. Entre outros itens, seguir as normas da empresa, cumprir suas metas, enviar sugestões. Nada que não esteja ao seu alcance. Apenas dedicação e comprometimento.

78

Mantenha-se atualizado

Seja um bom profissional, mantenha-se atualizado.

Johnny De' Carli

Nem pense que o fato de estar empregado implica em parar de aprender. O conhecimento não é estático, finito, ao contrário, é dinâmico e está em constante evolução. Um piloto de avião, por exemplo, que não voltasse à sala de aula para aprender um novo e moderno método de navegação ainda estaria voando com o auxílio da famosa e milenar bússola, em vez do preciso sistema de navegação por satélite (GPS), usado na navegação marítima e aérea no mundo inteiro. Um médico que não se atualizasse não saberia fazer uma cirurgia com laser. Um advogado deve estudar as constantes alterações da legislação para fazer corretamente seu trabalho.

É obrigação de qualquer profissional, em qualquer área do conhecimento, manter-se atualizado com as novidades em sua área. Caso contrário, a qualidade de seu trabalho ficará comprometida. E, com a ajuda das ferramentas de busca na internet, qualquer pessoa pode se informar sobre um assunto e causar um constrangimento para o profissional que não esteja devidamente atualizado.

Congressos, seminários, encontros, livros, revistas especializadas — não faltam opções para se manter em dia com as novidades. As empresas inclusive incentivam seus funcionários a se manterem atualizados. Basta querer.

capítulo 10

Pense como se fosse o dono da empresa

A mente é como um paraquedas:
só funciona se estiver aberta.

Albert Einstein (1879–1955)

Imagine-se na pele do dono da empresa para a qual você trabalha: contas a pagar, economia em recessão, queda de vendas, problemas com fornecedores, inadimplência, concorrência desleal, ações trabalhistas. Complicado, não? Pois é, muita gente ainda acha que empresário é um sujeito que ganha muito dinheiro e que quer apenas explorar seu funcionário pagando o menor salário possível. Mas isso está longe de ser verdade.

O empresário brasileiro é um herói. Ter uma empresa no Brasil, que é um dos piores lugares do mundo para ser empresário, não é para qualquer um. Segundo a pesquisa Doing Business de 2016, o Brasil ocupa o 116º lugar na lista dos países que menos incentivam o empreendedorismo no mundo. Como dizia meu professor no curso de MBA da UFPR, Belmiro Valverde Jobim Castor (1942–2014), *o Brasil não é para amadores.*

Pense o que você faria, se fosse o dono da empresa, para aumentar as vendas, a produtividade, a lucratividade e o faturamento. Ou ainda, para reduzir custos, eliminar despesas, fazer mais e melhor. Coloque num papel sua ideia e envie-a para seu chefe. Não é incomum no meio empresarial que alguns empregados se tornem sócios da empresa, seja recebendo ações como bônus ou simplesmente como reconhecimento.

79

Estude a empresa e os concorrentes

*O modo como você reúne, administra e usa
a informação determina se vencerá ou perderá.*

Bill Gates

Sabe aqueles encontros inesperados com um diretor da empresa nos corredores ou no cafezinho? Pois então, aproveite esses raros momentos, não para falar do tempo, mas para fazer um comentário inteligente sobre a empresa, um produto, o mercado ou a concorrência. Isso mostra que você está preocupado não apenas em saber o que está acontecendo com a empresa e o mercado, mas que você é um profissional bem-informado.

Num eventual processo de promoção ou, no pior cenário, demissão, aqueles comentários talvez façam a diferença, tanto numa promoção quanto para ficar fora da lista de desligamento.

Seu conhecimento e experiência também serão bastante úteis durante as reuniões entre a diretoria e os gerentes e entre estes e seus colaboradores. Você se destacará de um modo sutil. Mas lembre-se do alerta do escritor e filósofo suíço Jean-Jacques Rousseau (1712–1778): *Geralmente aqueles que sabem pouco falam muito e aqueles que sabem muito falam pouco.*

Seja curioso. Converse com colegas de outros departamentos para conhecer melhor a empresa e sua operação. Seja humilde também. Pergunte como funcionam os processos que você não conhece. Sócrates (469 a.C.–399 a.C.) dizia que era uma vantagem o fato de não saber sobre tudo. Conforme ele, *isso o colocava em vantagem sobre aqueles que achavam que sabiam alguma coisa.*

80

Reduza custos

Não basta adquirir sabedoria;
é preciso, além disso, saber utilizá-la.

Marco Túlio Cícero (106 a.C.–43 a.C.)

Apagar as luzes ao sair do escritório não é o suficiente para ajudar uma empresa a reduzir custos. Use seu conhecimento, aliado a um pouco de criatividade, para descobrir onde a empresa pode economizar, seja no seu departamento ou em outro.

Analise a cultura da empresa, descubra como ela funciona, quais são seus padrões, seus clientes e fornecedores. Procure saber o que se passa na vida da empresa para detectar alguma tarefa, procedimento ou operação que possa ser alterada, suprimida ou melhorada. Sempre é possível melhorar alguma coisa. Os japoneses têm um nome para isso: *Kaizen*.

Na aviação, os pilotos procuram economizar em todas as fases do voo, desde o acionamento dos motores, deslocamento do pátio até a cabeceira da pista, decolagem, subida, velocidade ideal para o voo em cruzeiro, altitude ideal, rota ideal, procedimento de descida, escolha da melhor pista para pouso, aproximação e, finalmente, deslocamento até o pátio.

Suponha que uma empresa faça mil voos por dia e cada piloto economize 100 litros por voo: isso corresponde a uma economia de 36,5 milhões de litros no período de um ano. Não é um número desprezível.

81

Desenvolva sua
inteligência emocional

Educar a mente sem educar o coração
não é educar em absoluto.

Aristóteles (384 a.C.–322 a.C.)

Você pode ser um profissional extremamente habilidoso, mas, se não dominar a arte de lidar com pessoas, não vai durar muito tempo em qualquer emprego. Conflitos de interesse, desentendimentos, estresse, cobrança excessiva, pressão por prazos e resultados fazem parte do dia a dia de uma empresa.

Tratar colegas de trabalho de forma educada, respeitosa e polida é uma habilidade que às vezes é pouco desenvolvida por muitos profissionais. Deve-se tomar as decisões com o cérebro, mas comunicá-las com o coração. Evite magoar, humilhar ou ofender quem quer que seja. Controlar as emoções é fundamental para que um profissional possa extrair o máximo em um trabalho de equipe.

O ambiente de trabalho não é perfeito, nem tampouco um paraíso. Mas não precisa ser desagradável. Como lembra a consultora e psicóloga Mari Martins, *desenvolver a inteligência emocional não significa suprimir as próprias emoções, mas lidar melhor com elas.*

82

Evite ações trabalhistas

Processo trabalhista não pode ser encarado como uma vingança; deve ser racional e muito bem-pensado.

Max Gehringer

Só ingresse com uma ação trabalhista após esgotar todas as tentativas de um acerto amigável e, mesmo assim, por um motivo justo, como o não pagamento da rescisão trabalhista ou a falta do pagamento mensal do FGTS ou INSS.

A legislação trabalhista brasileira é antiquada, confusa e anárquica. Foi elaborada há mais de 70 anos. Mesmo que a empresa pague tudo conforme determina a lei, ela corre o risco de ser acionada por má-fé do funcionário. Não é à toa que o Brasil detém o triste posto de campeão mundial em ações trabalhistas. Apenas em 2015 foram ajuizadas 2,6 milhões. Como comparação, nos Estados Unidos, foram ajuizadas apenas 75 mil ações no mesmo período.

Como é muito difícil manter em segredo uma ação, provavelmente seus superiores ficarão sabendo que você está processando seu empregador anterior. Se for por um motivo justo, explique para seu chefe o motivo da ação. Caso você mantenha em sigilo, talvez eles fiquem receosos de lhe promoverem ou de investirem na sua carreira, com medo de que, no futuro, você faça o mesmo quando deixar a empresa.

capítulo 11

Fique longe das atitudes suicidas

Ao examinarmos os erros de um homem,
conhecemos o seu caráter.

Confúcio (551 a.C.–479 a.C.)

Uma pesquisa realizada pela Catho em 2013 com 50 mil profissionais aponta o mau comportamento como segundo principal motivo de demissões. Isso significa que grande parte dos casos de demissões não está relacionada com desempenho, habilidade ou talento.

Neste capítulo vou apresentar histórias de profissionais talentosos e experientes que foram demitidos por motivos meramente comportamentais. Essas demissões poderiam ter sido evitadas se houvesse um pouco mais de visão crítica, ponderação, discernimento, bom senso, responsabilidade.

Enfim: ande na linha para não ser demitido por motivos comportamentais.

83

Não discuta

Você prefere ter razão ou ter um amigo?

Stephen Kanitz

Se você acha que vale a pena discutir por política, futebol ou religião, então confira a história abaixo.

Por causa de uma discussão ao vivo entre os jornalistas Kenny Braga e Paulo Sant'Ana durante o programa *Sala de Redação*, sobre uma partida de futebol entre o Grêmio e o Internacional, o jornalista Kenny Braga perdeu seu emprego no conceituado Grupo RBS, do Rio Grande do Sul. Veja a nota explicativa que o grupo divulgou no dia seguinte:

"Em razão de o jornalista Kenny Braga ter utilizado expressão de baixo calão para ofender um dos participantes do programa *Sala de Redação*, durante a edição desta segunda-feira (10), o Grupo RBS decidiu desligá-lo de suas atividades profissionais tanto na Rádio Gaúcha quanto no *Diário Gaúcho*. Por sua vez, o jornalista Paulo Sant'Ana, que se manifestou de forma inadequada na ocasião, foi afastado do programa por prazo indeterminado. O Grupo RBS lamenta o episódio, pede desculpas ao público, aos anunciantes e aos seus profissionais."

Se tiver que discutir, que seja por motivos nobres. Aqueles cujos temas nos são inegociáveis, como valores, princípio e honra. Os demais, prefira ficar com o amigo. E com o emprego, também.

84

Fique longe das fofocas

Fofocar sobre os outros é certamente um defeito.

Nelson Mandela (1918–2013)

Maria está saindo com João. José vai ser demitido. Amélia está desviando dinheiro. Vão fechar a filial. A empresa vai ser vendida. Qualquer tipo de informação que não está fundamentada em fatos concretos ou proveniente de um comunicado oficial não passa de fofoca. Assim como o que é comentado em segredo.

Fofocas geram perda de produtividade, comprometem o ambiente de trabalho, provocam desconfiança entre colaboradores. Levam à troca de funções, de departamentos, a inimizades e até mesmo a demissões.

Conforme pesquisa realizada em 2014 pela Associação Brasileira de Recursos Humanos, ao lado do mau comportamento, as fofocas foram responsáveis por 80% das demissões no país. Em outra pesquisa, feita pelo Linkedin, 83% dos pesquisados no Brasil dizem que a fofoca é o fator que mais irrita no ambiente de trabalho.

Além de revelar um comportamento infantil e imaturo, a fofoca, de acordo com o artigo 482 da CLT (Consolidação das Leis do Trabalho), pode levar à demissão por justa causa.

Fique longe das intrigas e fofocas.

85

Não seja imprudente

A grande coragem, para mim, é a prudência.

Eurípedes (480 a.C.–406 a.C.)

Seja médico, piloto de avião, motorista de ônibus ou o capitão de um navio, o que se espera de um bom profissional é que ele desempenhe seu trabalho com responsabilidade, esmero, eficiência, segurança e prudência. Em tese, qualquer profissional deveria seguir essas premissas, certo?

Não foi bem isso que o capitão Francesco Schettino, 52 anos, fez na noite de 13 de janeiro de 2012. Apesar de sua experiência, o comandante do *Costa Concordia*, navio de cruzeiro de 112 mil toneladas e capacidade para transportar 3.780 passageiros, quis fazer uma homenagem a um colega aposentado. Ao conduzir o imenso navio muito próximo da ilha de Giglio, na costa da Itália, provocou o choque com uma pedra submersa. Começou a entrar água na embarcação, e o capitão Schettino não teve alternativa senão a de iniciar o procedimento de evacuação de todos os passageiros e tripulantes. Infelizmente 32 passageiros não conseguiram deixar o navio e faleceram. O navio, de €500.000,00, teve perda total.

Por conta de sua imprudência, Schettino foi preso e perdeu o emprego. Dificilmente voltará a trabalhar como capitão, pois o episódio manchou seu currículo de forma irreparável.

86

Se não pode, não faça

Se não queres que ninguém saiba, não o faças.

Provérbio chinês

Dentre as profissões mais rigorosas quanto ao cumprimento de regras está a de piloto de companhias aéreas. A lista do que não se pode fazer é interminável. As punições são severas, indo da advertência até a demissão por justa causa.

Em 2 de abril de 2013, durante um voo de Recife para São Paulo, o comandante desrespeitou uma norma que proíbe qualquer pessoa não autorizada de entrar na cabine de comando do avião durante o voo. Ao permitir a entrada do cantor Latino na cabine de seu Airbus, ele selou o destino de seu emprego. O cantor postou a foto no Facebook, a qual foi parar na capa do jornal *Folha de São Paulo*. Num piscar de olhos, a foto chegou até a ANAC, que cobrou explicações da companhia aérea. Tanto o comandante quanto o copiloto foram demitidos.

Siga as regras de sua empresa, concordando ou não com elas. Às vezes abrimos uma exceção e nos damos mal.

87

Não ofenda ninguém

Valorize os amigos. Respeite os adversários.

Emmanuel (por intermédio de Chico Xavier)

Algumas pessoas dissociam a vida profissional da vida pessoal. Acham que podem fazer o que bem entendem. Nada mais falso. Tudo o que se faz, 24 horas por dia, sete dias por semana, pode repercutir no emprego. Foi o que aconteceu com Patrícia Moreira, de apenas 22 anos, que perdeu o emprego por conta da repercussão na mídia de sua ofensa racial contra um jogador do Santos.

Patrícia assistia com amigos a uma partida entre Grêmio e Santos, em Porto Alegre, em 28 de agosto de 2014. Até aí, nada de mais. O problema começou quando Patrícia ofendeu em alto e bom som o goleiro Aranha, chamando-o de macaco.

Como já dissemos em outras passagens do livro, cada colaborador é um porta-voz da empresa. Se o que ele fizer, mesmo longe do local de trabalho, for negativo, ilícito, proibido ou não condizente com as normas e costumes do país, o profissional pode vir a ser desligado da empresa.

Jamais fale ou publique comentários preconceituosos ou raciais.

88

Seja diplomático

Um pouco de sinceridade é perigoso,
mas muita sinceridade é terrivelmente fatal.

Oscar Wilde (1854–1900)

Suponha que seu chefe lhe pergunte se você aprecia música sertaneja. Mesmo que odeie esse gênero musical, diga apenas que prefere música clássica, por exemplo. Você pode, dependendo da resposta, fechar uma porta.

Da mesma forma, se algum colega pedir sua opinião sobre um trabalho que não está bom, não diga que está ruim. Mas que pode ser melhorado.

Aqueles que se orgulham em expressar o que pensam e sentem, sem pensar nas consequências, deveriam aprender com o sábio conselho do político romano Tácito (55–120): *a sinceridade, se não for temperada com moderação, conduz infalivelmente à ruína.*

Além de fechar portas, a sinceridade pode custar o emprego. Nelson Jobim, ex-ministro da Defesa do governo Dilma, que o diga. Em uma entrevista a um jornal, Jobim declarou que tinha votado em José Serra na eleição para presidente de 2010, justamente o adversário de Dilma na época. Somado a outros comentários extremamente sinceros, Jobim viu-se obrigado a entregar sua carta de demissão em 4 de agosto de 2011.

89

Não traia

*A lealdade é um dos pilares que
sustentam o real valor do homem.*

Texto judaico

Uma aventura sexual com uma camareira num hotel
de luxo em Nova York, em 2011, não acabou bem para
Dominique Strauss-Kahn, presidente do FMI (Fundo
Monetário Internacional). A camareira, Nafissatou Diallo,
de 32 anos, deu queixa de estupro na polícia da cidade. O
político acabou preso e a notícia ganhou as manchetes dos
jornais do mundo inteiro. Mesmo tendo sido absolvido
da acusação (descobriu-se que se tratava de um golpe da
camareira), Strauss-Kahn perdeu o emprego, a mulher e a
provável candidatura à presidência da França.

Outro tipo de traição que custou caro foi a do analista
de sistemas e ex-administrador de sistemas da poderosa
CIA, Edward Joseph Snowden.

Apesar de ter entrado para a história como herói para
alguns por ter divulgado, em 2013, detalhes do programa
de vigilância global da NSA (National Security Agency),

esse ato lhe custou o emprego e a carreira. Na época, com 33 anos, fugiu dos Estados Unidos e refugiou-se na Rússia. É considerado foragido da Justiça e procurado pelo FBI. Se voltar aos Estados Unidos, irá direto para a cadeia.

Não traia! Nem seu empregador, nem sua mulher (ou marido).

90

Não faça gracinhas

Na vida real, se pisar na bola, está demitido.

Bill Gates

Em agosto de 2013, graças a uma piada de mau gosto do pai, a estudante Thaís Buratto, 24 anos, foi impedida de embarcar num voo para Bali, onde iria apresentar seu trabalho de conclusão de curso. Na fila para o check-in, no aeroporto de Guarulhos, seu pai, Renato, disse para a filha que "ainda bem que não tinham descoberto que você era terrorista". O pessoal da Qatar não achou nada engraçado o comentário. Além de não embarcar, perdeu o dinheiro da passagem que tinha sido paga pela USP (Universidade de São Paulo).

Outra gracinha mal-interpretada que não terminou bem foi a do comandante da American Airlines, Dale Hersh. Em janeiro de 2004, logo após desembarcar em Guarulhos, Hersh foi preso em flagrante por desacato à autoridade. Ele segurou com o dedo médio um pedaço de papel contendo seu número de controle de imigração (usado naquela época) ao ser fotografado. O incidente ganhou as páginas dos jornais e o comandante Dale Hersh acabou sendo demitido.

As gracinhas que os brasileiros tanto gostam de fazer podem fazer sucesso numa roda de amigos. Entretanto, num ambiente de trabalho, podem comprometer a reputação de um profissional. Para não correr o risco de ser mal-interpretado, evite-as.

91

Mantenha a classe no *happy hour*

Deve-se usar a liberdade como o vinho:
com moderação e sobriedade.

Marquês de Maricá (1773–1848)

O comportamento de uma pessoa, mesmo fora de seu ambiente de trabalho, pode eventualmente influenciar sua carreira, tanto de forma positiva como negativa.

Um evento social, ainda que fora da empresa e após o horário do expediente, não é um alvará de soltura, para permitir um comportamento social inadequado ou além das normas de conduta socialmente aceitas.

Beber além da conta, falar mal do chefe, subir numa mesa para cantar, fazer um *strip-tease* ao som de *You can leave your hat on*, de Joe Cocker. Se isso será motivo ou não para uma demissão por justa causa não vem ao caso. O fato é que sua imagem profissional ficará comprometida na empresa.

Em março de 2012, 14 advogados de um grande escritório de advocacia de Deerfield Beach (Flórida) foram demitidos somente porque vestiram camisas laranja para o que seria mais um alegre *happy hour* numa sexta-feira. Jamais imaginariam que seriam demitidos por esse motivo. A empresa alegou que a cor da camisa poderia representar um protesto dos advogados, o que não seria bom para a imagem da empresa.

92

Não fale ou participe de greves

O instituto da greve, um direito dos trabalhadores, foi desmoralizado nos últimos anos, principalmente porque as paralisações afrontam os clientes, os acionistas, o contribuinte e até a Justiça.

João José Forni

Durante uma assembleia do sindicato sobre reajuste salarial, um piloto levantou-se no meio da discussão e propôs uma greve. Assim, sem mais nem menos. Ocorre que a empresa e os pilotos estavam negociando e o assunto greve nem estava na pauta de discussões. Por ter se antecipado ao resultado da reunião e sugerido uma ação extrema, esse piloto foi demitido.

Apesar do direito à greve (com algumas limitações) estar assegurado na Constituição brasileira, essa ação não é bem-vista pelos empregadores. Afeta os negócios, a imagem da empresa e prejudica os clientes.

Claro que nem todos os empregados concordam com uma greve, movimento normalmente liderado pelo sindicato da categoria que os representa. Sugiro, nesse caso, que evitem aparecer no local da greve.

Curiosidade: somente em 2013 o Brasil teve impressionantes 2.050 greves, o que dá uma média de 5,6 greves por dia! Um aumento de 134% em relação a 2012 (DIEESE). Algo deve estar errado.

93

Honre seu cargo

O erro acontece de vários modos, enquanto ser
correto é possível apenas de um modo.

Aristóteles (384 a.C.–322 a.C.)

Os valores e princípios de uma empresa são sua constituição! Qualquer comportamento que transgrida esses pilares que sustentam o modo de ser e de agir de uma empresa é passível de demissão. Mesmo que quem as tenha transgredido seja o presidente da empresa.

Por considerar que a relação extraconjugal do então presidente da Boeing, Harry Stonecipher, com uma diretora da companhia, era incompatível com o código de conduta da empresa e que o episódio poderia prejudicar a imagem da Boeing, o conselho de administração pediu a renúncia de Stonecipher.

Lewis Platt, presidente do conselho na época (2005), justificou a demissão de Stonecipher alegando que os fatos refletiam uma fraqueza da capacidade de julgamento de Harry, o que poderia prejudicar sua habilidade de liderar a companhia.

Grandes empresas, principalmente as que têm ações listadas em Bolsa de Valores e grande exposição na mídia, não permitem um deslize sequer dos seus colaborares, mesmo que sejam seus presidentes.

PARTE III

TROCANDO DE EMPREGO

A insatisfação é a principal motivadora do progresso.

Thomas Edison (1847–1931)

capítulo 12

Saia com profissionalismo e elegância

Aja sempre de tal modo que o teu comportamento possa vir a ser princípio de uma lei universal.

Immanuel Kant (1724–1804)

Segundo a pesquisa realizada em maio de 2015, pela ISMA Brasil, 72% dos entrevistados se disseram insatisfeitos com o trabalho. É um número expressivo e preocupante, pois o trabalho deve ser fonte de prazer e satisfação, e não apenas uma fonte de remuneração.

Existem vários motivos que levam um profissional a pensar em mudar de emprego: insatisfação com o cargo, com a chefia, com os colegas, com o ambiente de trabalho, com o tempo que se perde para ir e vir ao trabalho, com a falta de perspectiva de crescimento, com o salário, entre outras causas.

Existe, ainda, outro aspecto a ser considerado: a possibilidade de a empresa encerrar as atividades. Vários são os sinais que uma empresa em dificuldade emite antes de fechar as portas ou ter sua falência decretada: queda contínua de vendas; títulos protestados; entrada de um novo e forte concorrente no mercado, com um produto melhor e mais competitivo; uma nova regulamentação que é prejudicial para o setor em que a empresa atua; disputas judiciais entre os sócios; demissões sem justa causa. Fique atento a qualquer fato que sinalize algo de diferente no ar e pule fora do barco antes de afundar.

Mas saia pela porta da frente, de forma profissional, ética e elegante, mantendo as portas abertas, para que no futuro, caso seja interessante para ambos os lados, você possa voltar.

94

Avise seu chefe

*A integridade é para o caráter de uma pessoa a
mesma coisa que a saúde é para o seu corpo.*

Warren Wiersbe

Após ter tomado a difícil decisão de mudar de emprego,
seja transparente com a empresa e demonstre profissionalismo. Antes de comentar com outras pessoas, comunique
ao seu superior a decisão de procurar outro emprego. Escolha o momento certo e o local adequado para conversar.
Explique, com humildade e educação, os motivos da sua
decisão.

Coloque-se à disposição para treinar um sucessor para
ficar no seu lugar e deixe claro que você não irá abandonar
um projeto ou uma tarefa em andamento.

É possível que, durante essa conversa, seu superior lhe
ofereça algo para você mudar de ideia, como uma trans-
ferência para outro setor ou outra unidade da empresa,
uma promoção ou, quem sabe, um aumento salarial. Ouça
atentamente as propostas, mas não decida nada na hora.
Peça um tempo para refletir.

É importante, também, que você comunique seus familiares e amigos que tomou a decisão de mudar de emprego. O apoio deles é muito importante nesse momento de transição.

95

Avise sua rede de contatos

A informação só tem valor no momento em que é nova.

Walter Benjamin (1892–1940)

Agora que você já avisou seu chefe que está em busca de um novo desafio profissional, é hora de informar sua rede de contatos que está em busca de um novo emprego.

Não entre em detalhes sobre os motivos. Diga apenas que já vinha amadurecendo a ideia há algum tempo. É importante demonstrar que foi uma decisão pensada. Isso evita a interpretação de que foi uma decisão intempestiva, inesperada, feita sem planejamento.

Aproveite o mesmo comunicado para informar o setor que você está buscando uma nova colocação. Assim seus contatos poderão dar alguma dica ou fazer uma indicação para seu nome.

Você terá que fazer um trabalho similar como se estivesse sem emprego, mas com a vantagem de ter seu currículo valorizado por estar empregado. Nesse caso, seu poder de negociação é maior do que os que estão, de fato, sem emprego.

96

Prepare seu sucessor

*Neste mundo não há ninguém insubstituível.
Por mais conhecimentos que uma pessoa
tenha, existe sempre um sucessor
à espera de ser encontrado.*

Haruki Murakami

Em janeiro de 1987, antes de fazer as malas e embarcar para a Europa com meu amigo e navegador Dario Araújo, para participar do campeonato europeu de rali, preparei uma pessoa para me substituir no cargo de gerente de exportação, que ocupava na Lamisul, em Curitiba.

Providenciei o anúncio nos classificados de emprego do jornal local, conduzi as entrevistas e fiz a seleção. Como conhecia todas as rotinas do processo de exportação, foi fácil avaliar o grau de conhecimento dos candidatos para a função.

Após a seleção e contratação, passei ainda alguns dias ao lado do novo profissional para mostrar as peculiaridades do negócio e dirimir eventuais dúvidas. Dessa forma, o andamento dos embarques não foi prejudicado e a transição foi tranquila e serena.

Tudo o que é feito com planejamento e prazos razoáveis aumenta consideravelmente as chances de sucesso do processo.

97

Não troque seis por meia dúzia

O destino é uma questão de escolha.

Augusto Cury

Antes de trabalhar na elaboração da lista de empresas que lhe interessa, leve em conta o motivo que o levou a tomar a decisão de mudar de emprego. Assim você não troca seis por meia dúzia, pois é tolo aquele que troca o certo pelo duvidoso.

Converse com quem trabalha nas empresas que você pretende enviar seu currículo. Informe-se sobre elas em jornais, revistas e internet. Faça contas na ponta do lápis, pois uma pequena diferença de salário pode não compensar um aumento no custo com deslocamento, por exemplo.

Na aviação existem empresas que pagam um salário maior, mas em contrapartida o número de folgas é menor. Se o profissional colocar na balança a perda de qualidade de vida, em função de um pequeno ganho salarial, verá que não está fazendo um bom negócio ao trocar de emprego.

Outro fator muito importante a ser considerado numa troca de emprego diz respeito à carreira profissional: qual

é a empresa que oferece melhores oportunidades de crescimento? Um colega copiloto foi para uma companhia maior
acreditando que estava fazendo um bom negócio. Todavia,
enquanto seus colegas da antiga empresa se tornaram co-
mandantes, ele continuou atuando como copiloto. Nesse
caso, não trocou seis por meia dúzia, mas seis por cinco.

98

Seja claro e discreto

Não pode haver educação onde não há discrição.

Miguel de Cervantes (1547–1616)

Não comente com seus colegas que está saindo da empresa. Deixe esse assunto com seu chefe. Quando enviar os currículos, deixe claro, na carta de apresentação, que está empregado e explique o motivo pelo qual está procurando um novo desafio.

Forneça, para contato, um e-mail particular, pois o e-mail corporativo deve ser utilizado apenas para tratar de assuntos relacionados ao seu cargo, e não para fins pessoais. Apenas para lembrar: uma empresa pode, legalmente, controlar os e-mails de seus colaboradores. Por isso, tenha sempre duas contas de e-mails para não misturar assuntos profissionais com os particulares.

Também não agende entrevistas em horário de trabalho. É deselegante com seu empregador. Agende-as para horários que não coincidam com os do seu trabalho ou para os fins de semana. Se a conversa evoluir para uma proposta, demonstre profissionalismo e peça um prazo para se desligar da empresa atual.

99

Respeite o sigilo profissional

Quem não é fiel às pequenas coisas,
jamais será nas grandes.

Johann Goethe (1749–1832)

Isso é muito importante se você mudar para uma empresa concorrente. Não divulgue nada em seu novo trabalho além do que seja de conhecimento público.

Divulgar informações confidenciais, além de antiético, pode ser considerado crime. Dependendo do cargo que ocupa, o profissional é obrigado a manter sigilo de informações estratégicas, principalmente se a empresa tem ações na Bolsa de Valores.

Um julgamento comum, porém equivocado, é o pessoal da área comercial achar que os clientes são seus. Errado. Os clientes são da empresa, inclusive a agenda de telefones do gerente de vendas e dos vendedores, uma vez que eles os conquistaram no exercício da função.

Você já sabe, mas não custa repetir: evite falar mal de seu antigo chefe e de colegas de trabalho. Não pega bem. Se for para falar alguma coisa, que seja algo elogioso.

100

Agradeça pelo aprendizado

A gratidão é a virtude das almas nobres.

Esopo (século VII a.C.)

Muito bem: você fez tudo certo. Avisou seu superior, treinou outro profissional para seu lugar, cumpriu integralmente o aviso prévio e assumiu seu novo cargo no emprego dos sonhos. Porém, não deixe que o entusiasmo do novo desafio o faça esquecer daqueles que o ajudaram a crescer na carreira.

Envie um e-mail para os colegas do antigo departamento, para o ex-chefe e o ex-diretor de sua área, agradecendo pelo apoio, aprendizado, oportunidade, crescimento profissional e experiência adquirida. E, se for o caso, envie uma carta para o dono da empresa elogiando sua chefia.

Cartas e e-mails demonstrando gratidão e reconhecimento podem render convites no futuro para cargos ainda mais importantes. Ou mais: imagine que a empresa em que você trabalhava venha a comprar a empresa em que você está trabalhando. Seu nome pode ser lembrado para assumir uma gerência ou diretoria por ter conhecimento das culturas de ambas as empresas.

Conclusão

Chegamos ao fim de nossa jornada. Esperamos que tenha sido proveitosa e que as dicas sejam úteis. Sabemos que muitas delas são óbvias e que algumas nem novidade são. Outras talvez já façam parte de sua rotina. Entretanto, não é incomum nos esquecermos de colocar em prática o que já é de nosso conhecimento. Confúcio bem lembrou que a *essência do conhecimento reside na sua aplicação*. Em outras palavras: transforme conhecimento em atitude!

Não temos nenhuma dúvida de que você irá atingir seu objetivo. Não existe segredo. Vince Lombardi (1913–1970), o maior treinador de todos os tempos, afirmou que *todos têm vontade de vencer, mas poucos têm vontade de se preparar para vencer*. O mercado sempre terá vagas para os que se prepararem para vencer.

Mas nosso objetivo vai além de ajudá-lo em sua busca por um emprego: isso será consequência natural de seu esforço. O que realmente gostaríamos é que você adotasse hábitos de vida saudáveis, se alimentando de forma correta, praticando atividades físicas, tendo pensamentos positivos e fazendo o bem. Seu corpo e sua mente agradecerão.

Equilibre o tempo dedicado ao trabalho com o que você dedica à família, ao lazer e à vida social. Não viva para o trabalho. Opte pelo meio-termo.

Busque: valorizar o ser, não o ter; ser uma pessoa generosa, não ingênua; ser humilde, não submisso; ser sincero, sem magoar; ser claro, sem ser grosso; ser rigoroso, sem ser indelicado; ser confiante, sem ser arrogante; ser ousado, não imprudente; ser ambicioso, não pretensioso; ser sensível, não tolo; ser disciplinado, não chato; ser paciente, não acomodado; ser racional, sem perder a humanidade; ser esperto, não malandro; ser rico, de espírito. Fale menos, escute mais. Siga as regras. Evite os problemas. Não discuta, converse. Peça, com educação. Faça, com entusiasmo. Sorria mais, reclame menos. Perdoe mais, julgue menos. Como ensinou Albert Einstein (1879–1955), *procure ser um homem de valor, em vez de ser um homem de sucesso.*

Obrigado pelo privilégio de sua leitura. Ficaremos felizes em receber críticas e sugestões. Só assim poderemos corrigir eventuais e prováveis deslizes. Compartilhe sua história conosco. Teremos o maior prazer em recebê-la. Escreva para sady@bordin.net.

Grande abraço!

Sobre o autor

Sady Bordin tem 53 anos, nasceu em Porto Alegre, passou a infância em Foz do Iguaçu e reside em Curitiba desde 1970. É formado em Administração de Empresas (FAE), tem especializações em Marketing (FAE) e Administração (ISPG) e MBA em Gestão e Estratégia Empresarial (UFPR). Já trabalhou como gerente de exportação (Lamisul), redator publicitário (Sabofi Propaganda), consultor de marketing (Solução e Marketing Center), colunista de marketing (jornal *Indústria & Comércio*), diretor de marketing (Indústrias Guelmann, Cruiser Linhas Aéreas, Palm Internet e Voupar Seguros), professor (SENAC, Centro Europeu, PUC-Curitiba e UNICURITIBA) e copiloto de linha aérea (Interbrasil Star, Transbrasil, Trip e Azul).

Entre suas paixões estão a **aviação** — é comandante de EMBRAER 190/195 na Azul Linhas Aéreas —, o **rali** — é pentacampeão brasileiro — e o **marketing** — tem quatro livros publicados e é colunista de marketing do portal Carreira & Sucesso da Catho. Seu primeiro livro, *Marketing pessoal – 100 dicas para valorizar a sua imagem*, publicado pela Editora Record, vendeu 60 mil exemplares e ocupou o terceiro lugar no ranking da revista *Exame* dos livros mais vendidos na área de carreira e vida executiva, em março de 2002.

Para mais informações, acesse o site www.bordin.net.

best.
business

Este livro foi composto na tipologia Palatino LT Std Roman,
em corpo 12/18, e impresso em papel off-white no Sistema
Cameron da Divisão Gráfica da Distribuidora Record.